심리학으로 말하다

음모론

심리학으로 말하다
음모론

초판 1쇄 발행 | 2020년 11월 15일

지은이 | 얀-빌헬름 반 프로이엔
옮긴이 | 신영경
펴낸이 | 조승식
펴낸곳 | 돌배나무
공급처 | 북스힐
등록 | 제2019-000003호
주소 | 01043 서울시 강북구 한천로 153길 17
전화 | 02-994-0071
팩스 | 02-994-0073
홈페이지 | www.bookshill.com
이메일 | bookshill@bookshill.com

ISBN 979-11-90855-01-3
      979-11-90855-00-6 (세트)
정가 13,500원

• 이 도서는 돌배나무에서 출판된 책으로 북스힐에서 공급합니다.
• 잘못된 책은 구입하신 서점에서 교환해 드립니다.

음모론

Jan-Willem van Prooijen | 신영경 옮김

얀-빌헬름 반 프로이엔 Jan-Willem van Prooijen은 암스테르담 자유대학교의 사회 및 조직 심리학과 조교수이자 네덜란드 범죄 및 법 집행 연구소NWO의 선임 연구원이다.

신영경은 이화여자대학교 영어영문학과를 졸업했다. 10여 년간의 해외 생활 후 동 대학교 통·번역대학원 한영번역학과를 졸업했으며, 이화여자대학교 통·번역연구소 번역 연구원으로 일하고 있다. 역서로는『블루 마인드』(2015),『핫 시트』(2016),『인포그래픽 모네』(2017),『인포그래픽 데이비드 보위』(2018)가 있다.

여는 글

'지구 온난화는 중국이 지어낸 가짜 뉴스다', '백신이 자폐증을 유발한다는 증거를 제약회사들이 은폐하고 있다', '버락 오바마가 케냐에서 태어났다는 사실을 숨기려는 크나큰 음모가 있다'. 이런 이야기는 2016년 도널드 트럼프가 대통령 선거 유세를 할 때 항간에 널리 퍼져 있던 음모론이다. 과학자, 기자, 정책 입안자, 비평가들은 이러한 음모론이 어수룩하고, 설득력 없고, 증거도 부족하고, 터무니없다고 일축했다. 그런데도 그렇게 많은 사람들이 이러한 음모론을 믿은 이유는 무엇일까? 음모론은 미국 유권자들 사이에서 대단한 위력을 발휘해 도널드 트럼프는 선거인단 투표에서 승리를 거두고 마침내 제45대 미국 대통령이 되었다. 이는 음모론을 단순히 무해한 오락성 가십이나 정신이상 증세로 치부할 수는 없다는 점을 시사한다. 음모론은 일반 대중 사이에서 매우 흔한 데다 삶에서 맞닥뜨리는 실질적이고 중요한 여러 현실적 선택에 영향을 미친다. 예컨대 어떤 후보를 뽑을지, 아이에게 예방접종을 해야 하는지, 이산화탄소 배출량을 줄이려는 노력에 동참할 것인지, 피임약을 사용할 것인지, 나와 다른 외\(\ddot{ }\)집단을 배척할 것인지처럼 매우 일상적 선택을 결정짓는 역할을 한다. 그러므로 이제 사회과학계에서 사회 전반에 만연한 음모론을 하나의 사회현상으로 심각하게 받아들여야 할 시점이다.

그렇다면 누가 음모론을 믿고, 누가 믿지 않는 것일까? 사람들은 특히 어떤 상황에서 음모론에 더 쉽게 현혹될까? 음모론을 믿으면 어떤 결과가 생길까? 대중이 음모론에 현혹되지 않게 하려면 정책 입안자는 어떻게 해야 할까? 이러한 중요한 질문들은 심리학의 영역에 속한다. 이 책은 음모론의 기저를 이루는 심리학에 대한 최신 연구결과를 간결하고 이해하기 쉽게 제공한다. 또한 병리학적 관점에서 음모론을 설명하는 견해와는 달리, 음모론의 뿌리가 인간의 정상적인 심리 과정이므로 사람들이 음모론을 쉽게 믿게 된다는 것이 이 책의 기본 논지이다. 음모론은 뉴에이지나 종교적 신념 같은 다른 유형의 믿음이 생겨날 때와 같은 인지 과정을 거쳐 탄생한다. 음모론은 잠재적으로 적대적인 외집단으로부터 자신이 속한 집단을 보호하고자 하는 열망을 반영하고 있고, 대부분 굳건한 이념에 바탕을 둔 경우가 많다. 음모론은 불확실성과 공포에 대한 인간의 자연스러운 방어기제로서 자신이 감당해야 하는 괴로운 상황을 이질적인 외집단 탓으로 돌리는 것이다.

비록 길지 않은 책이지만 지면이 부족하게 느껴질 만큼 감사드리고 싶은 분들이 많이 있다. 우선 루트리지 출판사에서 이 프로젝트를 함께 한 세리 그리피스와 연구보조 엘리자베스 랜킨에게 감사의 말을 전한다. 또한 루트리지 출판사의 '심리학으로 말하다' 시리즈 출판계획을 나에게 소개하고 이 책을 집필할 수 있게 해준 마이클 스트랭에게도 감사의 마음을 전한다.

그 외에도 음모론의 심리학에 관하여 협력해준 세계 각지의 학자와 학생들에게 진심으로 감사하며, 이 책에 소개된 많은 아이디어가 이들과의 토론 및 공동연구에서 비롯되었다는 점을 밝힌다. 파울 반 랑게, 안드레이 크루웰, 카렌 더글러스, 닐스 요스트만, 르노 드 브리, 마르크 반 퓌흐트, 로비 서튼, 롤랜드 임호프, 미쉘 애커, 에릭 반 디이크,

토마스 폴렛, 클라라 드 이노첸시오, 올리비에 클라인에게도 특별한 마음을 전한다. 또한 온라인 과학기술협업기구 '코스트 액션COST Action' 네트워크를 통해 만나 현재도 음모론에 관하여 공동연구를 진행 중인 동료 학자들(내가 그 일원임에 자부심을 느끼는 코스트 액션 '확대 유럽연합 지역에서의 역사적 재현의 사회심리학적 역학관계'와 '음모론의 비교분석'모임 소속 학자들)에게도 감사의 말씀을 드린다.

개인적으로는 음모론을 옹호하지만, 여전히 나의 가장 친한 친구인 욘 엔스베르흐에게 감사의 말을 전하고 싶다. 마지막으로 나의 아내 클라우디아 반 프로이엔-반 레뮌트에게도 감사한다. 나를 자주 방해하는데도 무슨 이유에선지 생산성을 높이는 데 도움을 주었다. 아내 덕에 삶의 균형을 유지할 수 있었고, 과학보다 삶이 더 중요하다는 사실을 매일같이 깨달을 수 있어서 기쁘다.

얀-빌헬름 반 프로이엔
2017년 7월 26일, 암스테르담에서

01

음모론과 심리학

9/11 테러는 현대사에서 가장 큰 충격을 안겨준 사건일 뿐 아니라 자료가 가장 생생하게 수집된 사건이다. 이 끔찍한 일이 벌어졌을 때 뉴스전문 기자들과 뉴욕 시민들은 즉시 사건 현장을 동영상으로 촬영했고 이러한 영상은 널리 전파를 탔다. 유나이티드 에어라인 175기가 세계무역센터 남쪽 빌딩에 충돌하는 순간, 이 인상적인 건물이 사상누각처럼 무너져 내리는 장면을 전 세계인이 목격할 수 있었다. 그러나 객관적으로는 같은 영상이더라도 사람들이 그 영상 속에서 무엇을 보았는지는 각기 다른 듯하다. 많은 사람

들이 본 장면에서는 여객기 한 대가 자살테러범에 의해 피랍되어 마침내 쌍둥이 빌딩에 충돌하면서 폭발했다. 그러나 다른 많은 사람들은 그 영상에서 파괴를 조종한 배후가 있음을 보여주는 직접적 증거를 목격했다고 말한다. 자살테러범이 아닌 미국 정부가 비행기 충돌을 기획했고 여객기가 아닌 쌍둥이 빌딩 안에 숨겨놓은 폭발물이 폭발을 일으켰다는 것이다.

미국 정부가 9/11 테러에 일조했다는 의혹은 인터넷이나 SNS에서 쉽게 찾아볼 수 있는 여러 음모론에 반영되어 있다. '9/11 진실규명' 운동 같은 관련 시민모임에서는 다큐멘터리를 만들고, 책과 기사를 쓰고, 집회를 열어 미국 정부가 진실을 은폐하고 있다고 대중을 설득한다. 이외에도 9/11 테러에 관한 여러 다른 음모론이 있다. 비교적 '순화된' 버전의 음모론에서는 미국 정부가 방조자에 불과할 뿐이고 당국자들이 테러 계획을 사전에 알고도 고의로 막지 않았다고 가정한다. 또 다른 음모론에서는 미국 정부가 적극적 역할을 했다는 의혹을 제기하고 고위 관리들이 직접 테러를 조직하고 자행했다고 주장한다. 후자의 음모론에서는 9/11 테러를 '위장 테러작전'이라고 부르는데, 미국 정부가 전쟁과 같이 파급력이 큰 행동에 대한 정당한 근거를 마련하기 위해 마치 다른 국가나 조직이 저지른 것처럼 보이도록 연출했다는 의미이다. 이러한 9/11 위장 테러 음모론은 여객기가 원격 조종되었다거나, 쌍둥이 빌딩이 폭발물에 의해 폭파된 것이라거나, 미 국방성이 여객기가 아닌 로켓에 의해 공격당했다는 것 등의 주장으로 유명해졌다.

음모론을 믿건 믿지 않건, 이러한 음모론은 확실히 대중을 홀리는 힘이 있다. 음모론은 근원적이고 어두운 공포심을 자극해 우리 모두가 강력하고 사악한, 보이지 않는 힘의 지배를 받는 꼭두각시에 불과하다는 생각을 부추긴다. 또한 음모론에서는 비밀스럽고 은밀한 악의 조직에 대해 언급하며 이러한 조직들이 우리가 미처 모르는 사이 우리 삶에 영향을 미친다고 말한다. 여러 음모론은 "만약 그렇다면?"이라는 생각을 불러일으킨다. 이것은 사실일까? 사실이라면, 우리의 삶의 방식에 어떤 영향을 미칠까? 우리가 세상이 움직이는 방식을 정말 제대로 알고 있기는 한 것일까? 아니면 모두 속고 있었던 것일까? 이처럼 그럴싸한 음모론에는 억누르기 힘들 정도로 신비롭고, 흥미롭고, 무시

무시한 무언가가 존재하기 때문에 다양한 이들을 사로잡는 잠재력을 지녔다.

대중문화계에서는 이렇게 널리 확산되는 음모론의 호소력이 중요한 자리를 차지한다. 유명한 여러 블록버스터 영화의 바탕을 이루는 핵심 아이디어는 사람들이 비밀스럽고 악한 세력의 음모에 속거나 위협당하는 것이다. 영화 '트루먼 쇼Truman Show'에서 짐 캐리가 연기한 주인공은 자신의 전 생애가 실제로는 TV 방송국이 통제하는 인기 리얼리티 쇼라는 사실을 알지 못한다. 친구, 가족, 심지어 아내를 포함한 주변 사람들 모두가 설계된 음모의 일부이고 주인공이 정상적인 생활을 영위하고 있다고 철석같이 믿게 만든다. 다른 예를 들면, 트루먼 쇼와 매우 달라 보이지만 실제로는 같은 음모론에 바탕을 둔 영화 '매트릭스Matrix'가 있다. 이 영화에서 관객들은 자신이 알고 있는 삶이 가상현실의 환영일 뿐이고, 이러한 환영이 우리의 눈을 가리고 있다고 믿게 된다. 인류는 적대적이고 고도로 지능화된 컴퓨터의 포로이며 이를 모의한 컴퓨터들은 인간의 생명 에너지를 배터리로 사용한다.

'트루먼 쇼'와 '매트릭스'는 실존주의적 음모론을 그려

냈다는 점에서 연결되어 있고, 이는 알지 못하는 사이 우리 삶의 가장 세세한 부분까지 음모에 의해 통제되고 있다는 것을 암시한다. 그러나 많은 영화들은 좀 더 흔한 음모론을 기반으로 하여 만들어지는데, 여기서는 국가기관이나 조직이 대중을 억압하기 위해 어떻게 권력을 남용하는지 묘사한다. 이러한 음모론에서는 '이글 아이Eagle Eye', '네트The Net', '에너미 오브 스테이트Enemy of State' 같은 영화의 한 장면처럼 희생양을 효과적으로 추적할 수 있는 최첨단 장비를 마음대로 사용할 수 있다. 개인적으로 나는 넷플릭스가 자체 제작한 드라마 '하우스 오브 카드House of Cards'의 애청자인데 내용은 부패한 정치인이 거짓말, 사기, 뇌물, 협박, 회유, 심지어 살인을 저지르면서까지 미국 대통령이 되려는 야망을 펼쳐가는 이야기다. 이 영화와 드라마 시리즈가 공통으로 지닌 음모론의 주요소는 권력을 쥔 자와 기관이 사악하고, 위험하고, 주로 어둠 속에서 활동한다는 점이다.

이렇게 음모론이 널리 인기를 끄는데 기여하는 한 가지 요소는 이 음모론이 사실일 수도 있다는 가능성인데, 음모는 실제로 꾸며질 수도 있고 현실에서 실현되기도 한다. 1980년대에 발생한 '이란-코스타 사건'은 정치권 최고위

층에서 꾸며진 악명 높은 음모론의 실례라고 할 수 있다. 이란이 미국의 무기수출 제재 대상국임에도 불구하고 미국 정부 관리들이 이란에 무기를 파는 것을 도왔고, 미 상원이 코스타 반군에 대한 추가지원을 명시적으로 금지했음에도 불구하고 그 수익을 비밀리에 니카라과의 코스타 반군을 지원하는 데 사용했다. 사실로 밝혀진 또 다른 음모는 '터스키기-매독 실험'으로 연구진이 흑인들에게 임상실험을 하면서 무료 건강검진을 제공하는 것처럼 속인 사건이다. 실제로 이들은 매독을 치료하지 않고 방치했을 때의 자연경과를 연구하려고 자신이 매독에 걸렸다는 사실을 모르는 매독환자 399명과 건강한 미감염자 201명을 대조군으로 설정하여 실험했다. 이 실험은 1932년부터 1972년까지 40년이나 지속되었다. 실험 기간 동안 피실험자들에게 자신이 실험대상자라는 사실이나, 실제 병의 상태, 치료하지 않고 있다는 사실을 알리지 않았다. 그 결과 많은 피실험자들이 매독을 치료하지 않아 심각한 합병증으로 고생했고 심지어 사망한 경우도 많았다.

나치의 유대인 학살도 비밀스러운 음모가 현실로 나타난 결과이다. 물론 유대인들이 1930년대와 1940년대 초

나치 치하 독일에서도 널리 박해당하고 죽었지만, 애초에 나치 정권의 바람은 유대인에 대한 적대적 기류를 형성해 유대인들이 자발적으로 독일을 떠나게 하는 것이었다. 그러나 히틀러가 원하는 수준의 유대인 이동은 일어나지 않았고, 1942년 1월 어느 날 나치 고위급과 친위대 장교 15명이 비밀리에 베를린 근교 반제Wannsee의 한 빌라에 모였다. 히틀러가 직접 참석하지는 않았지만, 회의의 목적은 구체적 계획을 세워 히틀러가 최근에 내린 명령을 수행하는 것이었다. 명령의 핵심은 유럽에 있는 모든 유대인을 '물리적으로 말살'하는 것이었다. 흔히 '반제 회담'으로 알려진 이 회의는 유대인들을 나치 포로수용소로 대거 추방하는 신호탄이 되었고, 나치 포로수용소의 유대인들은 사상 유례없는 규모로 가스실에서 살해당했다. 이 유대인 대학살은 인류 역사상 가장 큰 비극 중 하나로 인식되고 있다. 그러나 1947년이 되어서야 재판을 담당한 검사가 이 비밀 회담의 극비 회의록을 발견하여 반제 회담이 실제로 있었다는 증거를 찾아냈다.

이 책은 음모론 뒤에 숨겨진 심리학에 관한 이야기이다. 인터넷에 떠돌아다니는 여러 다양한 음모론에는 비밀정보기관이 종종 법적이나 도덕적으로 용납될 수 없는 한계를 시험한다는 스노든 폭로 사건처럼 그럴싸하거나 적어도 이론적으로는 가능한 이야기가 있다. 또는 인간으로 위장한 외계 도마뱀 종족이 지구를 지배한다는 다소 황당무계하거나 사실이 아닐 가능성이 높은 음모론도 있다. 게다가, 미국 비밀정보요원에 의한 메르켈 독일 총리의 핸드폰 도청에서 줄리어스 시저를 죽인 로마 원로원에 이르기까지 역사상 음모가 형성된 많은 실례가 있으므로 모든 음모론이 비이성적이라고 할 수만은 없다. 사람마다 옹호하는 음모론이 각자 다르기는 하지만, 이 책에서 내가 주장하는 바는 '모든 음모론이 비슷하고 인식할 수 있고 예측 가능한 심리 과정에 바탕을 두고 있다'는 것이다.

음모론이란 무엇인가

음모론에 관한 다양한 정의가 존재하지만 내가 가장 좋아하는 정의는 '비합법적이거나 악의적이라고 인식되는 숨겨진 목표를 달성하기 위해 여러 행위자가 비밀리에 합의

하여 협력하고 있다는 믿음'이다.[1] 이는 광범위한 정의이기 때문에 음모론은 여러 형태를 띨 수 있고 삶의 여러 영역에서 등장할 수 있다. 누구나 비밀정보기관 같은 정부 또는 정부기관에 관한 음모론을 믿을 수 있다. 또한 제약 산업 같은 산업계 전반 또는 지구 온난화 음모론 같은 과학 연구에 관한 음모론을 믿을 수도 있다. 작업현장의 직원들은 관리자에 대한 음모론을 믿을 수 있다. 예를 들어 관리자들이 숨은 의도가 있고 이기적인 목표를 추구한다고 믿는 것이다. 스포츠에서도 심판이 상대편에게서 뇌물을 받았다는 등의 음모론을 믿을 수 있다. 개인 삶의 차원에서도 다른 사람들이 자신을 배척하기로 공모했다는 음모론을 믿을 수 있다. 그러나 이러한 개인 차원의 음모론 유형은 과학계에서는 '피해망상'의 증상으로 간주하며 대규모 시민집단이 공적 권위에 의해 속고 있다고 가정하는 일반 음모론과는 자격요건에서 차이가 난다.

음모론의 정의를 더 구체화하기 위하여, 음모론이라고 하려면 적어도 다음의 다섯 가지 중요한 요소를 갖추어야 한다고 제안한다.

1. **패턴** 모든 음모론에서는 사건을 설명할 때 행동, 대상, 사람 사이에 임의적이지 않은 연결고리를 설정한다. 다시 말해 음모론에서는 미심쩍은 일을 초래한 일련의 사건들이 우연히 일어나지 않았다고 가정한다.

2. **행위자** 음모론에서는 지능적인 행위자가 해당 사건을 고의로 만들어냈다고 가정한다. 다시 말해 교묘하고 상세한 계획이 있었고, 이러한 계획은 의도적으로 만들어지고 수행되었다고 본다.

3. **연합** 음모론에는 꼭 사람들의 연합이 아니더라도 항상 연합 또는 복수의 행위자가 있다. (인간이 아닌 행위자가 등장하는 음모론의 예로 '매트릭스'나 '외계 도마뱀' 음모론이 있다.) 해당 사건의 행위자를 어느 한 개인, 즉 단독범의 소행이라고 생각한다면 이러한 생각은 음모론에 해당하지 않는다. 단순히 이 한 가지 이유만으로 음모론이 되는 것은 아니다.

4. **적대감** 음모론에서는 연합했다고 의심되는 대상들이 사악하거나 이기적이거나 공공의 이익에 반하는 목표를 추구한다고 가정하는 경향이 있다. 가끔 사람

들은 선한 의도를 가진 음모를 의심하는 경우도 있으며, 사실 그런 음모가 실제로 실행되기도 한다. (매년 비밀스럽게 음모를 꾸며 아이들이 산타클로스를 믿게 만드는 어른들을 떠올려보자.) 그러나 이 주제에 대한 다른 문헌에서와 마찬가지로 이 책에서 '음모론'이라는 용어는 적대적이라고 의심되는 음모론만을 지칭한다. 선한 음모론에 대한 믿음은 이 책에서 다루는 것과는 다른 심리 과정에 바탕을 두었을 가능성이 있다.

5. **비밀 유지** 음모론은 비밀리에 활동하는 연합과 관련이 있다. 여기서 말하는 비밀의 '유지'란 결정적 증거에 의해 해당 음모가 밝혀지지 않았기 때문에 이러한 활동의 비밀스러움과 불확실성이 계속된다는 말이다. 반제 회담처럼 노출되어 사실로 밝혀진 음모는 더 이상 음모'론'이 아니고 실제 음모 형성에 관한 확정적 사례가 된다. 따라서 음모론은 본질적으로 아직 검증이 되지 않은 것을 말한다.

위에 열거한 다섯 가지 특징으로 음모론을 다른 여러 믿음과 구별할 수 있다. 세상을 떠난 친척의 영혼과 교류할 수 있다고 생각하는 흔한 형태의 초자연적 믿음을 살펴보자. 영혼의 존재에 대한 믿음은 음모론의 요건 중 두 가지, 또는 논란의 여지가 있지만 세 가지를 충족한다. 그러나 다섯 가지 모두를 충족하지는 못한다. 유령에 대한 믿음은 패턴과 관련이 있다. 예를 들어, 이러한 믿음에서는 사후의 삶이 임의적이지 않은 방식으로 전개된다고 가정한다. 영혼에 대한 믿음은 살면서 벌어지는 불가사의한 사건들의 인과관계를 이해하는 방식에도 영향을 미친다. 또한 행위자와도 관련이 있다. 영혼은 흔히 목표, 감정, 열망이 있고 영매를 통해 산 자와 의사소통할 수 있다고 여겨진다. 영혼에 대한 믿음에는 비밀 유지가 필요하지는 않지만 누군가는 이와 비슷한 요소가 있다고 말할 수도 있다. 영혼에 대한 믿음은 증거를 댈 수 없고 보이지 않는 힘과 관련이 있다는 점에서 불가사의하다는 특징을 지니기 때문이다. 그러나 적어도 영혼에 대한 믿음에는 연합과 적대감이라는 요소가 부족하다. 유령이 적대적이라고 여겨질 수도 있지만 유령의 존재를 믿는데 적대감이 필수 요소는 아니다. 나아가, 유령 집단이 인간을 해칠 방법을 구상하기 위해 모의한다고 추가로 가정을 할 필요도 없다. 다른 형태의 믿음과 구별되는 음모론의 핵심 요소는 적대적이고 비밀스러운 행위자 집단의 존재 여부이다.

음모론의 심리학
—

"우리의 음모론이 사실일 가능성을 고려해 본 적이 있습니까?" 음모론 웹사이트에서 활동하는 네덜란드 사람들이 나에게 보내는 이메일의 단골 질문이다. 이러한 질문에는 종종 화난 기색이 엿보이기도 하는데, 이들 중에는 무슨 이유에서인지 음모론에 관한 내 연구로 인해 기분이 상한 사람들도 있고, 에볼라 바이러스가 실험실에서 제조되었다거나 9/11 테러가 진짜 내부 소행이었다고 나를 설득하려는 사람들도 있다. 음모론을 연구하는 사람들이 으레 모든 음모론이 근거가 빈약하다거나 음모론을 믿는 사람들이 병적이라고 주장한다는 전형적이고 그릇된 가정을 하는 것이다. 나는 보통 이런 이메일에 두 가지 반응을 보인다. 첫째, 그런 분노에 찬 이메일을 보내기 전에 이들이 음모론에 관한 이론서를 읽어 보면 좋겠다는 생각을 한다. 이미

책을 읽었다면 이에 더하여 나의 최근 연구와 책을 읽어보라고 권한다. 그 책은 속임수와 부패에 빠지는 인간의 성향에 관한 것으로 왜 인간이 가끔 이기적인 목표를 추구하는지도 다루고 있다.[2] 부패와 실제 음모론의 형성이 매우 흔하다는 것은 잘 알려져 있고 여기에 이의를 제기할 학자는 아무도 없을 것이다.

그러나 둘째, 더 중요한 것은 음모론의 심리학에서는 음모론의 진실 여부를 질문하는 것이 아니라 누구는 음모론을 믿고 누구는 믿지 않는가에 대해 질문한다는 점이다. 많은 음모론이 논리적, 과학적 증거를 놓고 보면 말이 안 된다고 여겨지는데도 많은 사람들이 음모론을 믿는다는 사실은 이 주제를 더 연구해 볼 만한 충분한 이유가 된다. (이에 관해서는 뒤에서 더 다룰 것이다.) 더 나아가 인터넷에 떠도는 일부 거창한 음모론에 대해 내가 매우 회의적이라는 점을 여기에서 기꺼이 밝히고자 한다. 에볼라 바이러스가 실험실에서 생산되었다는 음모론은 거의 신빙성이 없다는 점이 확인되었다. 게다가 나는 9/11 테러가 19명의 알카에다 자살폭탄 테러리스트가 저지른 사건이라고 굳게 믿는다. 이 사건은 본질적으로 음모론이 아니다. 사실을 입증하는 증거가 너무나 명백하기 때문에 이 19명의 테러리스트의 음모가 이미 명백히 밝혀졌다고 말하는 편이 맞다. 따라서 '비밀 유지' 요건이 없다. 마지막으로, 리 하비 오스왈드가 케네디 대통령 암살을 준비하는 과정에서 알려지지 않은 누군가의 도움을 받았을 수 있고, 그런 이유로 음모가 있을 수 있지만, 조력자가 중앙정보부나 러시아, 쿠바일 가능성은 낮다고 생각한다. 그러나 이 책의 핵심 주제는 음모론에 대한 내 생각이 아니다.

이 책에서 초점을 맞추는 것은 음모론의 '심리학'으로, 왜 어떤 사람은 다른 사람보다 음모론을 더 쉽게 믿는지에 관한 과학적 연구를 다룬다. 음모론의 심리학에서 흔히 묻는 질문은 다음과 같다. 음모론을 믿을지 말지를 결정짓는 성격 요소는 무엇인가? 한 가지 음모론에 대한 믿음이 있으면 다른 음모론을 믿을 가능성을 어느 정도로 예측할 수 있는가? 어떤 상황에서 음모론을 더 믿거나 덜 믿게 되는가? 그리고 음모론을 믿음으로 인해 사람의 감정과 행동에 어떤 결과가 초래되는가? 이러한 문제를 연구하기 위해서, 현재 조사 중인 음모론이 거짓으로 판명 나거나 새로이 부상한 증거로 인해 실제 음모론의 결과가 바뀌거나 할 필요는 없다.

이러한 원리를 종교 심리학의 예를 들어 간단히 설명해 보자. 종교적 믿음을 연구하는 많은 사회과학자들은 신앙인들이 예측할 수 없는 두려운 상황에서 믿음에 더 강하게 매달린다는 사실을 발견한다. (이 글을 읽는 독자들도 무서울 때 조금이라도 기도하고 싶은 열망이 생길 거라고 확신한다.) 이러한 결과의 바탕이 되는 것은 '인간은 누구나 어느 정도 자신의 환경을 통제하고 싶은 욕구를 느낀다'는 이론이다. 예측할 수 없는 상황에서 사람들은 통제력을 잃었다고 느끼며 그 결과 신과 같은 외부의 통제력에 더 강하게 의존하기 시작한다.[3] 이러한 연구가 신이 실제로 존재하는가를 증명 또는 부정하거나, 아니면 최소한 가정할 필요가 있을까? 나는 이 질문에 '아니다'라고 단호하게 대답하겠다. 사람마다 신앙의 깊이가 다르다는 것을 관찰하기만 해도 왜 어떤 이들은 종교적 믿음을 갖고 어떤 이들은 갖지 않는지에 관한 타당한 질문을 제기하기에 충분하다. 두려운 상황에서 신앙심이 깊어진다는 연구결과는 종교의 바탕이 되는 심리 과정에 관한 무언가를 시사한다. 예를 들어 이 결과를 해석하여 신에 대한 믿음이 두려운 상황에서 안도감을 얻는 원천이라고 할 수도 있다. 이러한 결론은 신이 실제로 존재하는지 아닌지에 대한 판단도 아니고 신자와 비신자에 대한 가치판단도 아니다.

음모론의 심리학에 적용되는 원칙도 마찬가지이다. 어떤 음모론이 참인지 거짓인지에 대한 확신 없이도 얼마든지 이러한 믿음을 연구할 수 있다. 실제로, 어느 음모론에 관해 발표된 연구결과가 훗날 사실로 드러난 사례가 있다. 이 연구에서는 워터게이트 사건을 집중 조명했다. 1972년, 워싱턴 D.C.의 워터게이트 호텔에 있는 미국 민주당 전국위원회 본부를 침입한 일당 5명이 절도 혐의로 체포되었다. 이 도난 사건은 공화당 실세들이 정치적 이익을 위해 민주당을 염탐하려던 더 큰 계획의 일환이었는데, 이들은 민주당 정적들의 사무실을 도청했을 뿐만 아니라 권력을 남용하기까지 했다. 닉슨 대통령을 포함한 여러 백악관 관리들은 절도범들이 잡히고 난 후 처음에는 사건에 연루되었다는 혐의를 부인하였다. 그러나 수사가 진행되면서 닉슨 대통령이 자신의 연루 사실을 덮으려고 적극적으로 시도한 사실과 이와 관련한 다른 불법행위의 증거가 드러났다. 결국 닉슨 대통령이 집무실에서 자신이 사건에 가담한 사실을 덮을 방안을 논의한 녹음테이프가 대중에 공개되면서 1974년 8월 9일 닉슨 대통령은 대통령직을 사임하기에 이르렀다.

토머스 라이트Thomas Wright와 잭 아버스노트Jack Arbuthnot는 이 사건이 진행 중일 때 사람들이 워터게이트 사건을 얼마나 의심하는지에 관한 연구를 진행했다.[4] 연구는 1983년 5월에 시작되었는데, 당시는 상원 청문회가 열리기 전이었고 대법원이 닉슨 대통령의 녹음테이프를 공개하라는 판결을 내리기 전이었기 때문에 닉슨 대통령의 워터게이트 사건 연루 여부는 합리적 의심 외에는 아무것도 증명된 것이 없었다. 앞서 제시한 음모론의 다섯 가지 요건에 의하면, 이 시점에서는 닉슨 대통령이 워터게이트 사건에서 적극적 역할을 했다는 혐의가 아직 '음모론' 수준이었다. 이 연구에서 연구자들은 닉슨 대통령이 워터게이트 사건에서 담당한 역할에 관해 사람들이 얼마나 의심하고 있는지에 특히 관심을 가졌다. 연구자들은 대인 신뢰에 초점을 맞추고 타인을 불신하는 경향이 있는 사람들이 닉슨 대통령을 더 의심하는지를 검증하였다. 또한 정치적 이념이 대인 신뢰에 어떤 역할을 하는지 조사하여 지지하는 당이 공화당

인지 민주당인지가 닉슨 대통령에 대한 의심에 영향을 주는지도 검증하였다. 그 결과, 일상생활에서 타인을 더 많이 불신할수록 닉슨 대통령의 사건 연루 사실을 더 많이 의심하는 것으로 나타났다. 또한 공화당 지지자보다 민주당 지지자가 음모론을 더 믿는 것으로 나타났다.

그다음에 일어난 일은 여러분도 익히 아는 바다. 음모론은 사실이었다. 닉슨 대통령은 자신의 워터게이트 사건 연루 사실을 적극적으로 은폐하려 했고, 정적의 민감한 정보를 불법으로 빼내어 자신의 정치적 이익을 위해 사용하였다. 비밀이 유지되지 않았다는 점을 고려할 때 닉슨 대통령의 워터게이트 스캔들 연루 사실은 더 이상 '음모'가 아니다. 음모는 모두 밝혀졌고 따라서 더 이상 음모'론'이 아니며 워터게이트 스캔들은 정치권 최고위층에서 발생한 실제 음모의 대표사례가 되었다. 그렇다면 이제 라이트와 아버스노트의 연구결과를 폐기해야 할까? 음모론이 사실로 드러났기 때문에 이들의 연구결과는 가치가 떨어지는 것일까?

나는 그렇게 생각하지 않는다. 오늘날에는 워터게이트 사건에서 닉슨 대통령의 역할에 이의를 제기하는 사람이 거의 없지만, 1973년 5월 당시 이 문제는 아직도 미해결 상태였고 대중의 격렬한 토론거리였다. 라이트와 아버스노트가 연구에서 제기한 질문은 이 음모론이 참인가 거짓인가가 아닌, 음모론에 대한 결정적 증거가 없는 시점에서 어떤 성격과 정치적 요소가 대중의 믿음을 예측할 수 있게 하는가였다. 여러 학자들이 다른 여러 음모론과 관련해서 반복적으로 같은 결과를 얻었다. 타인을 불신하는 경향이 있는 사람들은 타인을 신뢰하는 사람들보다 음모론을 더 잘 믿는 것으로 나타났다. 나아가 다른 이념을 가진 집단에 관한 음모론을 더 잘 믿는 것으로 나타났다. 그러므로 민주당 지지자는 공화당 관련 음모론을 더 쉽게 믿고, 공화당 지지자는 민주당 관련 음모론을 더 쉽게 믿는다. 이것이 라이트와 아버스노트의 연구결과이고, 이 결과는 오늘날에도 유효하다.

음모론의 심리학은 어느 음모론이 참인지 거짓인지가 아닌 누가 믿고 안 믿는지를 연구한다. 특정 음모론의 가능성에 대해서는 내가 일반 시민보다 더 잘 알지도 못하고 정부 기밀에 접근할 수 있는 것도 아니며 음모론의 심리학을 연구하는데 이러한 정보가 필요한 것도 아니다. 이어지는 장에서는 사람들이 음모론을 믿는 정도를 예측할 수 있는 상황 요소와 성격 요소를 집중 조명한다. 그리고 나머지 장에서는 음모론의 심리학에 관한 다음의 두 가지 문제를 다룬다. 사람들이 음모론을 믿는지 아닌지에 우리가 관심을 가져야 할까? 말도 안 되는 것까지 포함한 음모론을 믿는 사람들을 병적 상태라고 치부해야 할까?

음모론을 신경 써야 할까

———

심리학은 어떤 성격이나 상황 요인이 음모론을 믿거나 믿지 않도록 결정하는지 객관적으로 파악하는 데 도움을 주는 과학적 접근을 가능하게 한다. 이제 심리학적 접근법에서는 특정 음모론을 증명하거나 부정하려 하지 않는다고 설정했으므로 음모론을 신경 써야 하는지가 중요한 질문이 된다. 일부 음모론이 사실일 수 있다면 시민 집단이 이 음모론을 조사하는 것이 바람직하지 않을까? 혹은 음모론이 실제로 사람들의 삶과 사회에 전반적으로 해를 끼칠 수 있을까? 또한 이에 대해 관심을 가져야 할까?

나의 주장은 이렇다. 우리는 관심을 가져야 한다. 많은 음모론이 비이성적일지라도 사람들에게 실질적인 해를 가할 수 있다. 우선 정치가, 관리자, 권력을 가진 언론계 인물 같은 사회 지도자의 말에 아무런 비판의식이나 면밀한 검토도 없이 따라야 한다는 말이 아니라는 것을 밝혀둔다. 건강한 비판의식이란 권력을 가진 사람들의 행동을 주의 깊게 평가하고, 그릇된 정책을 발견하거나 업무상 과실이 의심되면 우려를 표명하는 것이다. 현실을 인정하자면 종종 건강한 비판과 파괴적인 음모론은 구별이 쉽지 않을 수도 있다. 그러나 비판적인 마음가짐은 어떤 기이하고 말도 안 되는 음모론이라도 비판적으로 수용한다는 의미이다. 실제 음모가 형성된 사례는 확실히 찾아낼 수 있지만 대중이 오랜 세월 동안 지지해온 대다수의 음모론은 거짓으로 드러났다.[5] 내가 특히 우려하는 것은 논리를 거스르고 과학적 증거를 부정하고 무고한 사람들이나 집단에 책임을 돌리는 여러 음모론으로, 이러한 음모론은 여러 다양한 측면에서 해를 끼친다. 사람들이 믿는 바는 결국 행동으로 옮겨진다. 그리고 믿음이 비이성적일수록 비이성적으로 행동하게 된다.

현재 인터넷에는 예방백신에 대한 그릇된 정보가 넘쳐 나서 많은 사람들이 자신이나 자녀의 예방접종을 꺼리고 있다. 이러한 여러 그릇된 정보가 음모론에 뿌리를 두고 있다. 예방접종 반대 모임의 관련 주장 하나를 들자면 백신이 자폐증을 유발하고 제약회사가 공모하여 증거를 은폐하고 있다는 내용이다. 그 결과 많은 사람들이 자신과 자신의 아이, 그리고 다른 사람들을 질병의 위험에 노출해가면서까지 예방접종을 피하고 있다. 백신은 생명을 위협하는 질병에서 사람들을 보호해 주는 획기적인 의학적 대발견이며, 우리 모두가 이 위대한 과학적 업적에 감사해야 한다. 책임감 있는 부모라면 자녀에게 제때 필요한 예방접종을 해야 한다. 하지만 음모론에서 비롯된 그릇된 믿음으로 인해 많은 부모들이 그 반대의 결정을 내리고 있다.

음모론은 투표 행태에도 영향을 주어 사회를 형성하는 선거결과를 결정짓기도 한다. 5장에서는 음모론이 극단적인 정치적 기류에 대한 선호도와 관련이 있다는 점을 조명할 것이다. 다시 말해 음모론이 정치계 극좌에 해당하는 사회주의당과 정치계 극우에 해당하는 반反이민을 주장하는 당을 선호하는 것에 영향을 미친다. 도널드 트럼프는 양극화 현상이 극심했던 2016년 선거에서 미국 대통령으로 당선되었는데, 당시 트럼프가 비이성적인 음모론을 퍼뜨려 대중의 대대적인 지지를 끌어내고 대통령 선거인단 투표에서 승리하는 방식은 매우 놀랍다. 이 음모론은 지구 온난화가 중국인들이 날조한 가짜 뉴스이고, 오바마가 미국에서 태어나지 않았다는 증거를 은폐하려고 모의했다는 내용이다. 사람들이 무엇을 믿느냐가 행동을 결정한다. 만약 정치 후보자가 대중이 매력을 느끼고 수긍할 만한 음모론을 퍼뜨린다면 그 후보자를 뽑는 것이 유권자들의 실행 가능한 선택이다.

음모론은 종종 최고 단계의 정치적 선택에도 매우 큰 영향력을 행사한다. 2002년 미국의 전임 대통령 조지 W. 부시는 문자 그대로 이렇게 말했다. "바로 지금, 이라크는 생물학 무기 생산시설을 확충하고 있다." 이와 비교하기 위해 또 다른 2003년 발언을 인용해보자. "미국을 비롯한 각국 정보기관이 수집한 정보에 의하면 이라크 정권은 역사상 가장 치명적인 무기들을 지속해서 은닉하고 보유하고 있다." 이들 발언을 음모론의 다섯 요건과 비교해보자. 패턴(위협이 있고 이라크가 이를 조장하고 있다), 행위자(이라크가 고의로 진행한다), 연합(사담 후세인 행정부), 적대감(이라크가 이런 무기들을 친선 목적으로 개발하는 것은 아니다), 그리고 비밀 유지(이라크가 이 무기들을 숨기고 있고 사실 우리는 그 무기를 본 적도 없다)가 모두 존재한다. 이라크가 대량 살상 무기를 숨기고 있다는 믿음은 내가 알고 있는 음모론의 모든 정의와 맞아떨어지며, 역사가 알려주듯이 이는 잘못된 믿음이었다. 그리고 이 잘못된 음모론을 바탕으로 부시 대통령이 국내외 지지를 끌어모아 대 이라크전을 감행했다는 것이 불편한 결론이다. 이 사건은 결코 이례적이지 않다. 역사학자들은 모든 전쟁이 다 그렇지는 않더라도 과거 몇 세기 동안 대부분의 전쟁이 갈등관계에 있는 집단에 관한 음모론이 널리 퍼지면서 일어났다는 사실에 주목한다.[6]

음모론은 무해한 시간 때우기로 그치지 않는 경우가 많다. 사람들의 건강에 해가 될 수도 있고, 반대편 사람이나 집단에 대한 공격을 부추길 수도 있고, 지구 온난화에 관한 음모론처럼 생존에 위협이 되는 실제 문제를 해결하는 데 필요한 노력을 약화시킬 수도 있고, 국민들의 정치 지도자 선택을 결정짓기도 한다. 가끔은 음모론이 유익한 효과를 낼 수도 있다. 음모론이 지도자의 투명성을 높이고 사회 내 중요한 주제에 관한 토론의 장을 열 수도 있다. 그러나 음모론이 미치는 영향은 대부분 해롭다. 음모론을 믿는 사람에게, 이들이 속해 있는 환경에, 사회 전반에 해를 끼친다. 따라서 음모론을 연구해야 할 충분한 이유가 있다. 음모론의 심리학적 근원을 이해하면 궁극적으로 음모론을 더 비판적으로 성찰할 방법을 찾는 데 도움이 될 것이다. 사실이 아닐 가능성이 높은 음모론의 경우에 이러한 비판적 접근은 특히 중요하다.

음모론을 믿는 것이 병적인가

———

여객기는 날아가면서 종종 비행운을 남긴다. 하늘에 생긴 이 구름 같은 흔적은 연소된 가스 속 수분 입자가 높은 고도의 낮은 기온으로 인해 얼음 결정으로 변하면서 만들어진다. 그러나 소위 '화학운' 음모론에서는 이러한 비행운 뒤에 사악한 계획이 숨어 있다고 가정한다. 화학운 음모론에서는 이 비행운이 실제로는 사악한 음모에 의한 것이고, 정부에서 국민들의 행동에 영향을 끼칠 목적으로 하늘에 살포한 화학 또는 생물학적 물질이라고 주장한다. 이 음모론의 한 가지 흔한 변종에서는 이 화학물질이 사람들을 온순하고 순종적으로 만들어 정의를 원하는 성난 군중이 혁명을 일으킬 걱정 없이 정부가 사악한 계획을 실행할 수 있다고 주장한다.

이러한 음모론은 비합리적이라고 보는 것이 맞다. 만약 여객기에 실제로 화학물질 살포 장비가 탑재되었다면 매일 정기 점검을 하는 비행기 정비사들에게 쉽게 발각되었을 것이다. 나아가 대기 중에 낯설고 정체 모를 해로운 화학물질이 있다면 여러 과학 측정장비에 의해 즉시 탐지되고 이것이 어디서 온 것인지 추적도 가능했을 것이다. 그러나 이러한 일은 일어난 적이 없다. 그렇다면 이러한 비이성적 음모론을 병적인 것으로 생각해야 할까? 분명 화학운 음모론자들을 모두 정신 이상으로 치부해버리고 싶은 유혹을 느낄 수도 있다. 그러나 증거는 다른 관점을 시사한다. 아니면 이렇게 말해보자. 만약 말이 안 되는 음모론을 믿는 것이 병이라면 우리 모두는 심각하게 병적인 사회에 살고 있다. 2009년 네덜란드에서 실시한 대표 설문조사에 따르면 3%의 네덜란드 국민이 화학운 음모론을 사실이라고 믿었다.[7] 그리 많아 보이지 않을지 모르지만 대략 1,700만 명인 네덜란드 전체 인구를 감안할 때 네덜란드처럼 인구가 적은 나라에서만 50만 명이 화학운 음모론을 믿는 것으로 환산된다. 이렇게 많은 사람들이 모두 병을 앓고 있다고 말하기는 힘들다.

실제로, 정신 이상 징후가 전혀 없는 유명인사가 화학운 음모론 신봉자였다. 이 유명인사는 세상을 떠난 천재 음악가 프린스Prince이다. 프린스는 약간 다른 형태의 화학운 음모론을 믿었는데, 이 음모론에서는 흑인들을 해치고 서로 반목하게 만들기 위해 특히 미국 내 흑인 거주지역에 화학물질이 살포되었다고 주장했다. 2009년 TV 토크쇼 진행자 타비스 스마일리와의 인터뷰에서 프린스는 흑인 거주지역에서 살던 어린 시절 이런 비행운을 본 경험을 떠올리며, 이 일이 있고 난 뒤 주변 사람들이 갑자기 공격적으로 변했는데 당시에는 그 이유를 이해할 수 없었다고 말했다. 프린스는 비행운과 사람들의 갑작스러운 공격성 사이의 인과관계(패턴)를 나중에야 발견했다고 말했다. 결국 프린스는 이 화학운을 자신의 노래 '몽상가Dreamer'에 다음과 같이 담아냈다.

야간의 경찰차 사이렌이 그냥 지나가기를 기도한 적 있나요? 헬리콥터가 상공을 선회하고 음모론이 깊어지는 사이 모두가 깊이 잠든 때 저들이 도시 위로 화학물질을 뿌린다고 생각한 적 있나요?

당연하게도 프린스의 갑작스러운 죽음 또한 수많은 음모론을 낳았다. 그중 많은 음모론에서는 프린스가 화학운에 대한 진실을 폭로하여 살해당했다고 주장했다.

만약 상당수의 사람들이 화학운처럼 상대적으로 황당한 음모론을 믿는다면 제약회사나 9/11 테러 관련 음모론처럼 좀 더 대세에 가까운 음모론을 믿는 사람들은 얼마나 흔하겠는가? 미국 전체 성인 인구 대상의 표본조사에서 다음 내용에 동의하는지를 표시하도록 했다. '미국 식품의약국이 제약회사의 압력 때문에 국민이 암을 비롯한 다른 질병에서 자연 치유되는 것을 고의로 막고 있다.' 이러한 주장에 대해서는 화학운 음모론처럼 자신 있게 사실이 아니라고 말할 수는 없지만, 이 음모론의 가정에 따르면 매우 악한 마음을 지닌 의료 전문가들이 다수 존재해야 한다. (이러한 의료 전문가에는 자연치유의 실제 효과에 대해 어느 정도 지식이 있고 자유로이 터놓고 말할 수 있는 수천 명의 전 세계 독립적인 과학자와 의료진도 포함된다.) 얼마나 많은 사람들이 이 발언을 믿었을까? 결과를 살펴보면, 응답자의 37%가 이 말을 믿었고 다른 31%는 동의하지도 반대하지도 않는다는 확실하지 않은 대답을 했다. 오직 32%만이 이 말에 동의하지 않았다.[8] 9/11 테러에 관하여, 조그비 애널리틱스Zogby Analytics가 실시한 2004년 조그비 여론조사에 따르면 뉴욕 시민의 49%가 미 정부 관리들이 테러 공격 사실을 사전에 알았으면서도 고의로 막지 않았다고 믿었고, 2006년의 전 국민 대상 여론조사에서는 36%의 국민이 정부 관리들이 공격을 감행했거나, 고의로 저지하지 않았다고 믿었다.[9]

음모론을 믿는 자체를 병적이라고 치부하기에는 음모론이 너무나 널리 퍼져 있다. 음모론은 다른 믿음과 마찬가지로 사람들이 세상을 이해하는 방식의 일환이다. 많은 사람들이 손금으로 미래를 예견할 수 있다고 믿거나, 새로 만난 연인들의 관계가 별자리 궁합에 따라 결정된다고 믿는다. 이러한 뉴에이지 사상은 과학적 증거에 비추어보면 타당성이 없지만 이런 사상을 믿는 자체를 병적이라고 생각하지는 않는다. 사회 각 분야의 보통 시민들은 다양한 타당성 없는 믿음을 지니며 이러한 믿음에 음모론도 포함된다. 그러므로 음모론의 심리학을 이해하려고 노력하는 과정에서 잘못된 출발점이 있다면 정신병 연구 같은 임상심리학 관점에서 접근하는 것이다. 음모론의 심리학은 임상심리학의 영역이라기보다는 평범한 사람들이 일상에서 어떻게 생각하고 느끼고 행동하는지를 연구하는 사회심리학의 영역이다.

02

사람들은 언제 음모론을 믿는가

"요즘 들어 음모론이 증가하는 추세라는 사실을 어떻게 설명해야 할까요?" 이는 내가 학생들, 강연 후 청중들, 음모론에 관한 기사를 쓰는 기자들에게서 가장 자주 듣는 질문이다. "음모론이 증가하는 추세라고 생각하지 않습니다."라고 답변하면 사람들은 가끔 놀라곤 한다. 지난 수십 년간 음모론이 세월에 따라 어느 정도의 증감이 있는 것은 확실하다. 그런 관점에서 도널드 트럼프가 대통령 선거기간 내내 음모론을 퍼뜨리고 영국 국민이 '브렉시트'에 찬성표를 던진 2016년에는 다른 해, 예를 들어 2006년보다 음모론이 더 주목받았을 가능성은 인정한다. 그러나 나는 음모론이 장기적으로 증가 추세라는 주장에는 이의를 제기한다. 평균적으로 오늘날의 사람들이 30년 전, 또는 100년 전보다 더 많게 혹은 더 적게 음모를 꾸미지는 않는다. 과학적인 증거를 보아도 시간이 지날수록 사람들이 더 많은 음모를 꾸미고 있다는 주장은 신빙성이 부족하다.

내가 생각하기에 역사상 가장 중요하고 가장 많은 노동력이 투입된 음모론 연구에서, 마이애미 대학의 두 정치학자는 숙련된 연구팀의 도움을 받아 『시카고트리뷴』과 『뉴욕타임스』에 실린 미국 독자들의 편지를 분석했다.[1] 분석 대상 편지는 1890년에서 2010년까지 120년에 걸쳐 이들 신문에 발표된 것이다. 샘플은 대략 해마다 같은 수를 선정했고 한 해 신문에 실린 모든 편지 중에서 무작위로 선택했다. 연구자들의 주 관심사는 이들 편지에 음모론에 관한 내용이 어느 정도로 실려 있는지였다. 마침내 연구자들은 신문에 실린 편지 104,803편을 읽고 음모론에 대한 내용을 수치화했다.

예상했던 대로 편지에 음모론 관련 내용이 얼마나 실려 있는지는 세월에 따라 변화가 있었다. 나아가 시기가 달라

지면 사람들은 다른 음모론에 관해 편지를 썼다. 그러나 시간이 흐른다고 해서 음모론 내용이 포함된 전체 편지 비율이 상승하지는 않았다. 실제로 음모론 관련 내용의 빈도가 두드러지는 것처럼 보이는 시기가 두 번 있었지만 둘 다 2000년대는 아니었다. 음모론 관련 내용이 증가한 첫 번째 시기는 1900년경으로 제2차 산업혁명이 한창이던 시기였다. 두 번째 시기는 1940년대 후반부터 1950년대 초반으로 냉전시대가 시작되던 때였다. 이러한 자료는 음모론이 증가 추세라는 주장을 분명히 반박한다.

물론 이 연구는 세간에서 문제 삼을 수 있는 작은 결함이 있다. 예를 들어 신문에 실제로 실린 편지들은 편집자가 선택한 것이므로 무작위가 아니라고 판단할 수도 있다. 편집자에 따라서는 다른 편집자보다 음모론을 다룬 편지를 더 많이 신문에 실었을 수도 있다. 이 프로젝트에는 이와 같은 불가피한 한계가 있다. 그러나 우리는 현실적으로 접근해야 한다. 분석대상 샘플은 장장 120년에 걸쳐 다른 두 신문에 실렸던, 서로 다른 여러 명의 편집자가 고른 방대한 양의 편지들이다. 만약 현대에 음모론이 증가 추세라는 주장에 힘이 실리려면 이러한 샘플자료에서 그런 추세와 일치하는 가시적인 어떤 흔적이 발견되어야 한다. 예를 들어 디지털 커뮤니케이션 기술로 인해 사람들이 음모론에 더 취약해졌다면 편지 속 음모론 관련 내용이 1990년대 초반부터 시작해서 분석 마지막 해인 2010년까지 점차 증가해야 한다. 그러나 샘플자료에는 그러한 흔적이 전혀 나타나지 않는다.

다른 자료를 살펴보아도 30년 전보다 현재 사람들이 권력자를 더 의심한다는 내용은 보이지 않는다. 한 연구에서는 EU 여론조사기관 유로바로미터Eurobarometer[2]의 연도별 자료를 사용하여 유럽연합 국민들의 정치가에 대한 신뢰도와 만족도를 살펴보았다. 정치가들은 자주 음모론의 표적이 되었는데, 이러한 음모론에서는 질병의 대유행이나 십자군 전쟁에서의 패배 같은 위기의 원인이 유대인 집단인 것처럼 암시되었고 중세 유럽에서 대규모 박해가 이어지는 단초가 되었다. 비록 정치가에 대한 불만족이 정치 음모론을 믿는 것과 일치하지는 않다는 점은 인정하지만 전자는 후자를 진단할 수 있게 한다. 다시 말해 정치가들이 음모를 꾸미고 있다고 믿으면 만족도가 떨어진다. (그 반대도 성립한다.) 정치가에 대한 만족-불만족 수치는 변화가 있었지만 시간이 지난다고 해서 만족도가 전반적으로 떨어지는 추세는 나타나지 않았다. 더욱이 정치가들에 대한 사람들의 만족도는 시대를 막론하고 매우 낮았다. 그러므로 현대인들이 역사상 그 어느 때보다 정치가들에 대해 만족하지 못한다는 생각은 잘못됐다. 1970년대에도 사람들은 정치가들에게 매우 불만이 많았고 이러한 불만은 요즘과 비슷한 수준이었던 것으로 보인다.

이 모든 것이 직관에 어긋나는 것처럼 보일 수도 있다. 결국 음모론은 인터넷, 소셜미디어를 비롯한 어느 곳에나 존재하고, 이러한 현대적 수단이 주요 매개체가 되어 사람들이 음모론을 알게 되고 음모론을 만드는 사람들과 연결된다. 현대의 정보기술이 아무런 영향력이 없다고 말하려는 것이 아니다. 다만 전파되는 속도가 증가한다고 해서 음모론을 믿는 사람의 비율도 증가하는 것은 아니다. 이러한 현대의 커뮤니케이션 기술로 인해 사람들이 음모론을 접하는 속도는 빨라지겠지만 음모론을 믿는 사람의 비율이 증가하지는 않는다고 예측할 수 있다. 인터넷이나 소셜미디어를 마음대로 사용하지 못하던 시절에는 음모론이 입소문처럼, 좀 더 느린 소통채널을 통해 퍼졌겠지만 그래도 결국 중요한 음모론은 어떻게 해서든지 전파되었다.

요즘에는 음모론이 빠르게 전파된다는 것만큼은 확실하다. 2015년 12월 2일, 캘리포니아 샌 버나디노 총격 사건은 느지막한 오전에 벌어졌다. 한 부부가 반자동 소총으로 14명을 살해하고 22명을 다치게 했다. 총격이 벌어진 후 약 네 시간에 걸친 수색작전이 펼쳐졌고, 두 범인은 사살되었다. 사건 당시 암스테르담은 저녁이었고 나는 아내와 TV에서 이 사건을 생중계로 보고 있었다. 총격이 있은 지 약 두 시간 후 (즉 범인들이 사살되기 두 시간 전) 나는 '샌 버나디노 음모'로 검색을 해보고 싶은 유혹을 참을 수 없었다. 이 검색어를 치자마자 총격 사건이 위장작전임을 암시하는 다양한 음모론이 떴다. 사건이 아직 진행 중인데도 이에 대한 음모론을 읽을 수가 있다니! 그러나 현대의 커뮤니케이션 기술이 아니어도 이들 음모론은 결국 우리에게 도달했을 것이다. 아니면 암스테르담에 사는 우리는 샌 버나디노 총격 사건에 대해서는 듣지 못하고 대신 지역적 음모론을 형성하게 될 지역 사건들에 더 집중하고 있었을 수도 있다. 현대 커뮤니케이션 기술이 음모론에서 담당하는 역할이 있기는 하지만 왜 사람들이 음모론을 믿는지 혹은 믿지 않는지에 대한 질문에 답을 구할 때 이러한 기술은 훨씬 커다란 퍼즐의 한 조각에 지나지 않는다.

'시대정신' 또는 과학기술에서 설명을 찾는 대신, 음모론에 대한 믿음은 심리학의 관점에서 더 제대로, 포괄적으로 설명할 수 있다. 나는 음모론이 주관적이고 심리학적 상태에 뿌리를 두고 있으며 인류가 시작된 이래로 인간 조건에 내재되어 있다고 주장한다. 음모론은 공포와 불확실성을 일으키는 사회적 상황에 대한 자연스러운 반응이다. 특히, 이러한 상황을 회피하고 싶은 감정을 강하게 느낄수록 괴로운 사건의 책임을 다른 집단의 탓으로 돌리는 경향이 심해진다. 그런 까닭에 우리는 특히 우리를 괴롭게 하는 사회적 사건이 발생한 후에는 음모론이 등장한다고 예상할 수 있다.

음모론과 사회적 위기 상황

———

사람들은 주기적으로 사회적 위기 상황에 직면한다. 이러한 상황이란 사람들의 안위와 생활방식, 또는 존재 자체를 위협할 가능성이 있는 급격한 사회변화를 말한다. 예를 들면 테러 공격, 자연재해, 전쟁, 혁명, 경제·금융 위기, 전염병의 확산 등이다. 이러한 위기 상황은 거의 변함없이 음모론으로 이어진다. 현대사에서 음모론을 널리 확산시킨 두 가지 급작스럽고 예기치 못한 주요 사례는 9/11 테러와 케네디 대통령 암살 사건이다. 두 사건 모두 사회를 충격에 빠뜨렸고, 사람들에게 강한 공포와 불확실성을 심어주었으며, 사람들은 세상이 예전과 달라진 것 같은 느낌을 받았다. 많은 이들이 이 사건에 대하여 '섬광 기억'을 가지고 있고, 처음 그 뉴스를 들었을 때 자신이 무엇을 하고 있었는지를 아직도 선명하게 기억한다. 두 사건 모두 음모론을 낳았는데, 많은 시민집단이 오늘날까지도 이 음모론을 믿고 있을 뿐만 아니라 역사적 '사실'로 받아들이고 있다.

『뉴욕타임스』와 『시카고트리뷴』에 실린 편지글에서 음모론 내용이 증가하다 정점을 이루는 두 번의 시기 또한 공포와 불확실성이 형성된 위기 상황으로 볼 수 있다. 첫 번째로 음모론이 정점을 이룬 시기는 제2차 산업혁명 기간이었다. 이 시기에는 대기업들이 등장했고 사회 내 권력구조가 극적으로 변했다. 기술이 급격하게 진보하고 새로운 기반시설이 급속하게 발전했으며 다양한 물품이 효과적으로 대량생산되는 시대가 되었다. 많은 사람들의 생활조건은 향상되었지만 공장에서 일하는 정규직 노동자들에게는 걱정거리가 생겼다. 기계화로 인해 많은 일이 한물간 직업이 되면서 실업자가 될지도 모른다는 위협에 지속적으로 시달린 것이다. 인구 대부분을 차지했던 이들 노동자가 미래에 대한 상당한 불확실성을 느끼면서 일련의 음모론을 만들어 냈을 가능성이 매우 높다. 음모론이 두 번째로 정점을 이룬 시기는 냉전 초기이다. 제2차 세계대전 직후 많은 이들은 대규모 전쟁이 다시 발발할까 두려워했고 공산주의의 위협은 공포로 다가왔다. 결과적으로 많은 이들은 특정 사람들, 기관, 집단이 공산주의와 어떤 식으로든 연결될 가능성을 경계하였다. 그러므로 공산주의에 대한 공포심을 불어넣는데 일조했던 상원의원 조셉 매카시의 '매카시즘'은 사회 내 공산주의 음모에 대한 여러 밝혀지지 않은 의혹을 특징으로 한다. 이러한 공산주의 음모론으로 인해 공산주의에 동조한다는 혐의를 받은 사람들은 평판에 해를 입고 실직을 당하고 때론 구금되기까지 했다.

그러나 위기 상황과 음모론 사이의 연결 관계는 비단 지난 세기에서만 찾을 수 있는 것은 아니다. 중세에도 위기 상황으로 인해 음모론이 만연했던 여러 사례가 있다. 중세에는 의학이 현세대의 수준으로 발전하지 못했기 때문에 요즘 같으면 백신으로 쉽게 예방할 수 있는 여러 위험한 질병으로 영유아들이 죽는 일이 흔했다. 더구나 바이러스나 박테리아 또는 이러한 문제를 해결할 수 있는 개인위생을 전혀 이해하지 못했고 항생제도 발견되기 이전이었다. 그 결과, 대대적인 질병의 유행이 잦았고 많은 사람들이 희생되었지만, 사람들은 이러한 질병이 어떻게 발생하는지조차 제대로 이해하지 못했다. 그래서 사람들은 전염병이 유행하는 책임을 다른 사람이나 사회 특정 집단의 탓으로 돌렸고, 이러한 '희생양 만들기'가 음모론의 형태로 주기적으로 나타났다. 한 가지 흔한 믿음은 많은 젊은 여성들이 실제로는 마녀이고 악마와 공모하여 인간에게 유행병이나 흉년 같은 해를 끼친다는 내용이었다. 이런 미신적이고 음모론적인 믿음의 결과로 많은 무고한 젊은 여성들이 산 채로 화형을 당했다. 또한 유대인 공동체도 자주 음모론의 표적이 되었는데, 이러한 음모론에서는 질병의 대유행이나 십자군 전쟁에서의 패배 같은 위기의 원인이 유대인 집단

인 것처럼 암시되었고 중세 유럽에서 대규모 박해로 이어지는 단초가 되었다.[3]

이러한 사례들은 좀 더 일반적인 원칙에 해당한다. 대다수 사람들이 공포와 불확실성을 느끼게 되는 어려운 시기에 음모론이 무성해진다. 이때 사람들은 자신이 불편하게 느끼는 사람들 또는 집단을 비난하기 시작하고 악의에 찬 음모론을 통해 자신이 겪은 손해를 설명하는 이론을 생각해낸다. 그 결과 잘 알려진 테러 공격, 자연재해, 경제·금융의 위기, 전쟁, 혁명 등에 관한 우려가 이미 널리 퍼져 있는 경우에 사람들 사이에서 음모론이 증가한다. 또한 유명인의 갑작스러운 사망처럼 대다수 사람들의 이목을 집중시키거나 많은 사람들에게 고통을 유발하는 경우, 생명에 직접적인 위협을 가하지 않는 사건들도 음모론을 촉발할 수 있다.

실제로 상상 속 위기 상황조차 음모론을 만들어낼 수 있다. 대표적인 사례로 1969년 달 착륙이 TV 스튜디오에서 촬영된 것이라는 음모론을 들 수 있다. 이 음모론이 '객관적인' 위기 상황에 대한 반응이 아니라는 것은 누구나 추론할 수 있을 것이다. 이는 인류와 과학이 새로운 수준의 성취를 이룬 긍정적인 사건이었다. 그러나 정부가 지속적이고 의도적으로 국민을 속인다고 믿는 누군가는 주관적으로 나라가 위기에 처해 있다고 느낄 수 있다. 다르게 표현하면, 많은 사람들이 정부에 대한 음모론적 믿음을 가지고 있는데, 이러한 음모를 믿음으로 인해 사람들은 정신적 고통을 느끼고 그 결과 음모론이 더 심화된다. 하나의 음모론이 다른 음모론을 불러일으킨다는 것이다. 이러한 통찰력 있는 시각에 대해서는 다른 장에서 다시 다루게 될 것이다. 이런 경우, 정부에 대해 음모론을 가진 사람들은 달 착륙처럼 기념비가 될 만한 과학적 업적을 포함한 정부의 모든 조치를 회의적으로 보고 또 다른 음모론을 만들어낼 가능성이 높다.

공포와 불확실성의 역할

———

공포와 불확실성이 왜 음모론과 연관이 있는지를 이해하려면 사람들이 이러한 부정적 감정에 어떻게 대처하는지를 먼저 규명할 필요가 있다. 공포와 불확실성을 느꼈을 때 사람들의 가장 흔한 반응은 경계심을 갖는 것이다. 주변 환경에 세심하게 주의를 기울이고, 심사숙고하고, 자신의 부정적인 감정의 원인을 파악하려 노력한다. 이렇게 공포와 불확실성은 사람들에게 자신의 물리적, 사회적 환경을 의식하게 만든다.[4] 이렇게 주변 환경을 의식하는 일은 모두 자기보호 본능에 뿌리를 둔 자동적 반응일 가능성이 높다. 공포와 불확실성은 주변 환경에 급박한 위험이 있다는 신호다. 그러므로 환경에 세심한 주의를 기울여야 생명체가 위협에 효과적으로 대처할 수 있고 생존 기회가 늘어난다.

진화심리학자들은 이러한 자기보호 본능의 일환으로 사람들이 불확실하고 위협이 예상되는 상황에서는 위험 회피 경향을 보인다는 사실에 주목했다.[5] 풀밭에서 기다란 물체를 보았는데 이것이 막대기인지 뱀인지 불분명하다고 상상해보자. 이런 경우에 경계 반응을 보이며 그 물체가 뱀이라고 가정하는 것이 자연스러운 반응이다. 이런 상황에서 판단 실수는 같은 결과를 낳지 않는다. 이 물체를 막대기로 가정하고 집어 든 사람은 이것이 독사로 판명되면 죽을 수도 있다. 그러나 뱀이라고 가정하고 조심스럽게 행동한 사람은 판단이 틀리더라도 상관이 없다. 만약 잘못 판단하여 뱀인 줄 알았던 물체가 사실은 막대기로 판명되면 이 사람은 불필요하게 우회를 한 것이지만 이로 인해 어떠한 해도 입지 않는다.

무언가 불확실하다고 느끼면 사람들은 자신이 처한 상황을 파악하려 애쓰게 되는데, 이 과정에서 최악의 시나리오를 가정하는 것은 자연스러운 일이다. 이는 사람들이 타인을 인식하는 방법과도 관련이 있다. 심리학에서 흔히 관찰되는 반응 중 하나가 '이기심에 관한 잘못된 믿음'이다. 의미를 분명히 하자면, 이기심에 대한 생각 자체가 틀렸다는 뜻은 아니다. 물론 사람들은 때로 이기적이다. 이 말의 의미는 타인이 이기심에 의해 행동하는 정도를 지나치게 부풀려 생각한다는 것이다. 사람들은 가끔 이기적이지만 동시에 진정 이타적으로 남을 돌볼 수도 있다. 그러나 타인의 행동을 설명할 때는 이기심이 원인이라고 가정하는 경우가 많고, 실제로 보이는 것보다 진정성이 떨어지고 덜 이타적인 동기에서 행동한다고 가정한다. (페이스북 CEO 마크 저커버그가 페이스북 주식의 99%를 자선사업에 기부하기로 했을 때 나는 여러 블로그에서 마크 저커버그의 기부 동기가 자신의 이익에서 비롯되었다고 말하는 것을 보고 나서 충격을 받았다.)

흥미롭게도, 이기심에 대한 잘못된 믿음은 사람들이 불확실성을 느낄 때 증가한다. 한 실험에서 참가자들에게 두 번째 참가자가 귀중한 자원을 가지고 와서 두 사람에게 나누어 줄 것이라고 알렸다. 그러나 참가자들은 각기 다양한 수준으로 정보 부족으로 인해 불안을 느꼈다. 두 번째 참가자가 어떻게 자원을 분배할 것인지에 관해 충분한 설명을 듣지 못했기 때문이다. 실험 결과, 참가자들은 정보 부족으로 인해 두 번째 참가자가 그의 몫으로 할당한 자원은 과대평가하고, 자신에게 분배한 자원은 과소평가했다. 참가자들은 자원을 분배한 두 번째 참가자를 실제보다 더 이기적이라고 생각했고 이런 효과는 전체 분배 상황에 대한 정보가 부족할수록 커졌다. 이 연구에서 연구자들이 결론 내린 것처럼, 사람들은 정보가 부족할 때 이기심이라는 가정으로 '그 빈칸을 메운다'.[6]

이기심에 관한 잘못된 믿음은 사람들이 타인을 얼마나 부정적으로 보는가에 관한 것이지만, 공포와 불확실성 또한 이와 비슷한 과정을 통해 사람들이 사회 내 다른 집단을 얼마나 부정적으로 보는지에 영향을 미친다. 일상생활에서 겪는 사회적, 정치적 사건을 이해하려 할 때 사람들은 권력을 가지고 실제로 해를 가할 수 있는 집단을 매우 악하다고 가정하는 경향이 있다. 정부기관, 대기업, 신뢰할 수 없는 소수 집단 등을 불편하게 느끼고, 이러한 집단이 자신들과 '다르다'고 생각한다. 그 결과, 사람들은 이러한 집단의 잘못된 행태에 관한 음모론을 만들어내고, 이 음모론은 그들이 이해하려고 애쓰지만 해결하지 못한 여러 사회적 사건에 대한 의문에 답을 제시한다. 불안과 공포는 사람들의 의심을 부추겨 정보를 원하게 만들고, 사람들은 일련의 사회적 사건이 악의적 음모 때문이라고 인식하게 된다.

여러 심리학 연구에서 공포, 불확실성과 음모론을 믿는 경향 사이의 관계를 조사하였다. 한 연구는 1999년 마지막 3개월 동안 이루어졌는데, 이 기간에 전 세계인들은 '밀레니엄 버그' 때문에 컴퓨터가 대대적으로 마비될까 전전긍긍하였다. 이는 당시에 가장 큰 문제였다. 밀레니엄 버그의 가능성이 연일 뉴스에서 다루어졌고 사람들은 발전소, 은행 전산시스템, 수돗물 공급 등이 대거 중단될까 두려워하였다. 이런 공포가 타당한 것이 되고 밀레니엄 버그가 현실이 된다면 경제, 보건 등 사람들의 삶과 안위에 직접 영향을 미치는 영역에 심각한 결과를 초래할 것이다. (결과적으로 2000년은 아무런 문제 없이 시작되었다.) 이러한 배경에서 미국 시민들 1,200여 명을 대상으로 밀레니엄 버그를 얼마나 두려워했는지, 만연했던 음모론을 어느 정도로 믿었는지에 관해 설문조사를 실시했다. 설문조사 결과를 보면, 1999년 말에 밀레니엄 버그를 두려워했던 사람들은 케네디 대통령이 음모에 의해 암살되었고, UFO가 미국에 나타난 증거를 미 공군이 숨기고 있고, 미국 정부가 도시 내 지역사회에 고의로 약물을 살포했고, 일본이 미국 경제를 망치기 위한 음모를 꾸미고 있다고 더 굳게 믿는 경향이 있었다. 밀레니엄 버그에 대한 공포는 밀레니엄 버그와 개념적으로 전혀 관련 없는 음모론을 포함하여 다양한 음모론에 대한 믿음과도 연관이 있었다.[7]

이러한 연구결과가 공포와 음모론이 관련 있다는 견해를 뒷받침하기는 하지만, 공포와 음모론 사이의 인과관계를 밝혀주지는 않는다. 밀레니엄 버그에 관한 공포가 음모론을 증가시킨 것인지, 우연히 이 음모론을 믿고 있던 사람들이 밀레니엄 버그를 더 두려워하게 되었는지는 알 수 없다. 공포와 불확실성이 음모론으로 이어지는 인과관계 순서를 입증하기 위해서는, 실험 참가자 일부는 공포를 경험하게 하고 다른 일부는 경험하지 않게 한 상태로 심리학적 실험을 진행할 필요가 있다. 그러고 나서 공포를 경험한 참가자 집단에서 음모론에 대한 믿음이 더 강하게 나타나는지 조사하는 것이다. 다양한 연구에서 참가자에게 통제 불가능한 상황을 상기시킴으로써 공포와 불확실성을 심어주려고 시도했다. 특히 사람에게는 단순한 동작에서 자동차 운전 같은 좀 더 복잡한 동작에 이르기까지 무슨 일을 하건 자신이 통제력을 가지고 있다고 느끼고 싶은 욕구가 있다. 그런데 통제 불가능한 상황을 경험하면 무력감을 느끼고 이로 인해 불안해지기 시작한다. 대표적인 실험에서 참가자 일부에게 자신의 삶에서 통제력을 가질 수 없었던 특정 사건에 관해 적도록 요청하고, 다른 참가자들에게는 자신이 완전히 통제력을 쥐고 있었던 특정 사건에 관해 적도록 요청했다. 그 후, 어떤 음모론을 얼마나 타당하다고 느끼는지 물었다.

다양한 연구자들이 이와 비슷한 실험을 했고 이 유형의 연구에서는 사람들이 고통을 느낄 때 (자신들이 통제하지 못했던 상황을 떠올렸기 때문에) 고통을 느끼지 않은 때보다 (자신들이 완벽히 통제할 수 있었던 상황을 떠올렸기 때문에) 음모론을 더 쉽게 믿는다는 사실을 보여준다.[8] 나는 심리학자 미셸 애커 그리고 연구팀과 함께 암스테르담에서 이러한 유형의 실험을 했다. 실험은 새롭게 논란이 되고 있는 암스테르담 남부와 북부를 연결하는 지하철 노선의 건설배경을 주제로 실시되었다. 이 노선은 일단 완공되면 많은 혜택을 가져오리라 예측되었지만 오랜 기간 동안 유적지 중심을 관통하는 대공사를 해야 한다는 이유로 시민들의 극심한 반대에 부딪혔다. 국민투표에서 시민 대부분이 반대표를 던졌지만 시의회는 건설을 강행했다. 게다가 건설 자체도 과다 예산과 일정 지연을 포함한 많은 문제에 부딪혔다. 시민들의 적대감은 시민들에게 직접적인 피해를 가져온, 예상치 못했던 건설상의 문제가 발생한 2009년 절정에 달했다. 지하 공사가 몇몇 오래된 건물의 지반을 손상해 건물이 말 그대로 땅속으로 꺼지기 직전이어서 주민들이 대피하는 지경에 이른 것이다.

일명 '가라앉는 집'이 연일 각종 뉴스의 헤드라인을 장식할 때, 연구진은 짧은 설문지를 들고 암스테르담의 대학 식당으로 나가 주민들에게 막대 사탕을 주며 간단한 설문에 참여해 달라고 부탁했다. 첫 번째와 두 번째 집단 참여자들에게 삶에서 통제할 수 없었던 상황과 완벽히 통제 가능했던 상황을 묘사해 달라고 요청하고, 세 번째 집단에는 삶에서 공포나 불확실성과 관련 없는 중립적 상황을 묘사해 달라고 요청했다. 그러고 나서 남북 지하철 노선과 관련하여 알고 있는 음모론에 관해 질문하였다. 예를 들어 참가자들은 시의원들이 건설회사들로부터 뇌물을 받았는지 아닌지, 시민들이 건설을 방해하는 것을 막기 위해 시의원들이 고의로 정보를 알려주지 않는 것인지 아닌지에 대해 이야기했다. 여러 다양한 결과에 따르면, 통제할 수 없었던 상황을 묘사한 후 공포와 불확실성을 느낀 참가자들은, 통제할 수 있었던 상황을 묘사한 후 자신감을 느낀 참가자들에 비해 음모론을 더 굳게 믿는 것으로 나타났다.[9]

종합해보면 공포와 불확실성은 음모론에 대한 믿음을 부채질한다. 그러나 이러한 효과에는 주목할 만한 두 가지 문제가 있다. 첫 번째 문제는 이러한 감정이 누구에게나, 어떤 환경에서나 모두 음모론으로 이어지는 것은 아니라는 점이다. 가끔 공포와 불안이 사람들로 하여금 권력 집단을 더 지지하게 만들기도 한다. 지금까지는 9/11 테러 이

후 나타난 음모론에 관해서만 이야기했지만 그 반대의 경우도 생각해 보아야 한다. 예를 들어 9/11 테러 이후 몇 달이 지났을 때 조지 W. 부시는 미국 대통령 역사상 가장 높은 지지율을 기록했다. 9/11 테러는 부시 행정부에 대한 음모론을 널리 확산시켰을 뿐 아니라 부시 행정부에 대한 전폭적인 지지도 끌어냈다. 지금 이 논의에서 이러한 괴리를 어떻게 받아들여야 할까?

여기에서 핵심은 공포와 불확실성이 음모론으로 이어진다는 것이지만, 음모론은 사람들이 이미 불신하고 있던 권력 집단이나 기관에 대해서만 생겨난다. 공포와 불확실성이 사람들이 신뢰하는 권력 집단이나 기관에 대한 지지를 실제로 강화하기도 한다. 어느 연구에서 지도자가 도덕적이거나 비도덕적이라는 인식이 음모론에 대한 믿음에 영향을 미치는지 여부를 조사했다. 당연히 사람들은 도덕적이라고 생각하는 지도자보다 비도덕적이라고 여기는 지도자에 대한 음모론을 더 굳게 믿었다. 그러나 사람들이 불확실성을 경험할 때에는 이러한 도덕성 효과가 음모론에 미치는 영향이 훨씬 더 커졌다. 다시 말해 불확실성은 비도덕적이라고 생각되는 지도자에 대한 음모론을 강화하지만, 도덕적이라고 생각되는 지도자에 대한 음모론에는 영향을 덜 미친다.[10] 공포와 불확실성을 느낀다고 해서 무차별적으로 음모론이 생겨나지는 않는다. 이러한 감정은 애초에 불편하게 느끼던 권력이나 기관에 책임을 돌리게 만든다.

두 번째 문제는 종종 위기 사건에 대한 '공식' 설명에도 음모론이 따른다는 점이다. 9/11 테러 공격은 공식적으로 '알카에다 자살 테러범 19명이 모의한 사건'이다. 그렇다면 왜 많은 사람들이 이 공식적인 설명을 믿는 대신 악의에 찬 정부가 위장작전을 벌였다는 음모론을 믿을까? 이 질문에 대한 답은 서로 연관된 두 문제에서 찾을 수 있다. 첫째, 앞에서 살펴본 대로 사람들이 공포와 불확실성을 겪을 때는 조심스러워지고 가능한 최악의 시나리오를 가정하는 것이 자연스러운 반응이다. 그런 의미에서 9/11 테러가 알카에다 소행이 아니라 정부의 음모였다고 믿는 것은 위험 회피 반응이다. 비밀정보기관이 면밀히 감시하고 있던 외국의 테러리스트 집단과 비교해볼 때 자신들의 정부가 대규모 테러 사건의 배후라고 가정하는 것이 훨씬 더 혼란스럽고, 무섭고, 위험한 일이다. 둘째, 알카에다 테러범의 소행보다는 정부 배후설이 훨씬 더 거창하다. 예컨대 더 많은 사람들이 관련되어 있고, 속임수의 수준도 높고, 계획도 더 정교하고, 일반적으로 정부가 테러범보다는 더 많은 권력을 가졌다. 9/11 테러 공격은 현대사의 주요 사건이 되었고 정부가 배후라는 음모설은 이 사건에 대한 주요 설명이 될 것이다. 거창한 음모론을 믿는 경향은 '비례성 편향'이라고 부르는 인간 정신의 기본적인 경험 법칙에 영향을 받았을 수 있다. 사람들은 거대한 결과는 틀림없이 거대한 원인에서 비롯되었을 것이라고 가정하는 경향이 있다.

거대한 결과, 거대한 원인?

대통령도 사람이기 때문에 사고나 갑작스러운 질병으로 죽을 수 있을 만큼 약하다. 건강한 대통령이라도 다른 사람들처럼 작은 독감 바이러스로 인해 죽는 일도 얼마든지 가능하다. 그럼 이제 현 미국 대통령이나 영국 수상에게 실제로 이런 일이 일어났다고 상상해보자. 많은 사람들이 보잘

것없는 바이러스 때문에 죽었다고 생각할까, 아니면 음모론을 믿을까? 틀림없이 대중들 사이에서 의견이 분분하겠지만 많은 사람들이 사건의 특정 세부정보에 의존할 것이다. 대체로 많은 사람들이 대통령이 암살되었거나, 납치되었거나, 아니면 스스로 죽음을 연출했다는 대단한 음모론을 꺼내 들 것이라고 나는 자신한다. 대통령의 죽음처럼 커다란 문제가 독감 바이러스처럼 하찮은 원인에서 비롯되었다는 설명은 많은 사람들에게 납득하기 힘든 일이다. '이렇게 단순할 리 없어, 그보다 훨씬 더 충격적이고 세상을 바꿀 만한 더 큰 일이 있었을 거야'라고 생각한다는 것이다. 큰 결과에는 반드시 큰 원인이 있어야 한다. 이것이 바로 비례성 편향의 본질이다.

당연히 대통령의 예기치 못한 죽음은 사람들에게 공포와 불확실성을 불러일으킨다. 그러나 비례성 편향은 이러한 회피 감정의 통제보다 좀 더 광범위한 주제이다. 비례성 편향은 단순한 경험 법칙에 의한 것으로, 전반적인 판단 영역이나 음모론과 무관한 영역에서 나타날 수 있으며 공포와 불확실성을 불러일으키지 않는다. 중요한 과제 마감일 직전에 컴퓨터에 문제가 생긴 두 학생의 사례를 상상해보

자. 첫 번째 학생에게 결과는 재앙 수준이었다. 교수는 이 학생에게 낙제점을 주고 과제제출 기한을 연장해주지도 않았다. 결국 이 학생은 제때 졸업하지 못하여 원하는 직장에 입사하지 못했다. 두 번째 학생은 같은 사고가 생겼지만 상대적으로 문제가 커지지 않았다. 교수가 과제제출 기한을 연장해 준 것이다. 그 결과 이 학생은 제때 졸업하여 원하는 직장에서 일을 시작할 수 있었다. 두 학생의 컴퓨터에 문제가 생긴 원인은 무엇일까?

실험에서 참가자의 반은 첫 번째 학생의 가상 시나리오를, 나머지 반은 두 번째 학생의 시나리오를 읽었다. 그러고 나서 참가자들에게 광범위한 컴퓨터 바이러스와 가벼운 냉각 팬 고장 중 어느 것이 고장의 원인이라고 생각하는지 고르게 했다. 대다수 참가자들은 널리 유행한 컴퓨터 바이러스가 냉각 팬 고장보다 훨씬 더 큰 문제라고 인식했다. 여기서 더 중요한 점은 학생에게 큰 문제가 생긴 경우에는 큰 원인, 즉 컴퓨터 바이러스로 인해 컴퓨터가 고장났다고 생각하는 경향이 두드러졌다는 것이다. 이러한 결과는 공포와 불확실성으로 설명되기 힘들다. 이 문제는 익명의 학생이 만들어낸 가상 시나리오에 불과하기 때문이다. 그보다 여기에는 비례성 편향이 작용한다. 참가자들은 중대한 결과가 발생했을 때 그 원인 또한 중대할 것이라고 가정했다. 이 경우에는 학생의 학업을 망친 원인으로 컴퓨터 바이러스를 선택했다.[11]

비례성 편향 또한 음모론에 대한 믿음에 유사한 영향을 미친다는 사실을 보여주었다. 어느 작은 나라의 대통령이 암살되었다고 상상해보자. 한 가지 경우에는, 이 암살 사건을 수사해보면 일련의 예측불허의 사건이 드러날 수도 있고 결국에는 전쟁으로 이어질 수도 있다. 다른 경우에서는 암살이 비극적이기는 하지만 전쟁으로 이어지지는 않았다. 다시 말해 암살이 전쟁이라는 중대한 결과를 낳을 수도 있고 아닐 수도 있다. 누가 대통령을 암살했을까? 단독범의 소행일까, 아니면 정부 차원의 음모일까? 연구에 의하면 참가자들은 암살이 전쟁으로 이어졌을 때 음모 가능성을 더 많이 고려했다. 다시 말해 사람들은 중대한 결과에는 중대한 원인이 있다고 가정하며, 이러한 가정이 음모론을 부추긴다. 여러 다른 연구에서도 비슷한 원리를 제시한다. 즉, 사회적 사건이 더 충격적이고 해로울수록 사람들은 이를 설명하기 위해 음모론을 만들어낸다. 가상의 사건이라고 해도 말이다.

공포와 불확실성 외에 비례성 편향 또한, 추가설명을 제공하고, 충격적이고 유해한 사회적 사건의 결과로 특히 음모론의 등장을 예상할 수 있다는 의견을 뒷받침한다. 비례성 편향 같은 인지에 대한 설명뿐 아니라 공포와 불확실성 같은 감정에 대한 설명도 사람들이 사회 내에서 인지하는 해로운 사건을 이해하고 의미를 부여하려는 열망에 뿌리를 두었다는 점을 주목하자. 이렇듯 무언가를 이해하고자 하는 열망은 음모론의 심리학에서 필수이다. 다음 장에서는 사람들이 사회적 사건에 대한 이해를 형성할 때 거치게 되는 정신적 과정과 이것이 어떻게 음모론으로 이어지는지를 좀 더 정확하게 밝혀보고자 한다.

03
믿음의 구조

지금 컴퓨터 앞으로 가 '지구 공동설空洞說'을 검색해보기 바란다. 우리의 행성, 지구의 물리적 특징에 관해 놀라운 주장을 펼치는 수많은 사이비 과학 웹사이트를 발견하게 될 것이다. 이름 그대로 이들 이론에서는 지구 속이 비어 있다고 주장한다. 북극에 위치한 입구를 통해 지구 내부로 들어갈 수 있으며 지구의 핵 부근에는 거인족, 진화된 인류, 제2차 세계대전 후 독일을 탈출한 나치 가족을 비롯한 온갖 피조물들이 모여 살고 있다는 것이다. 심지어는 이보다 더 기상천외한 변종 이론도 있는데, 현 인류는 지금 지구 속에 살고 있고 하늘이 실제로는 지구의 핵이라고 주장한다. 과거에는 과학자들조차 지구 속이 비었다고 믿는 경우가 흔했고 이런 설들이 쥘 베른에게 『잃어버린 세계를 찾아서』를 집필하게 만든 영감의 원천이 되었다. 그러나 지금의 우리는 좀 더 지각 있는 판단을 내려야 한다. 우리에게는 넘쳐날 만큼 많은 과학적 정보가 있기 때문에 자신감 있게 지구 속은 비어 있지 않고 지구 속에는 미지의 사회도 없다고 말할 수 있다. 그런데 여전히 많은 이들이 지구 공동설을 믿는다.

좀 더 일반적으로 말하면, 사람들은 증거가 전혀 없는데도 너무나 이상한 것들을 믿는다. 초자연 현상 축제에 한 번 가보기만 해도 보통 사람들이 (가끔은 다수가) 손금이나 무작위로 뽑은 타로 카드로 미래를 예언할 수 있다고 믿는 것을 알 수 있다. 이런 축제에서는 텔레파시도 가능하다고 인정되는데, 두 사람 간의 거리가 아무리 멀어도 한 사람이 다른 사람의 마음을 읽을 수 있다고 가정한다. 영매들은 세상을 떠난 친척의 영혼과 소통할 수 있다거나 이들을 설득하는 의식을 행할 수 있다고 주장하여 큰돈을 벌 수 있다. 또한 사람들은 병의 치유에 관해서도 연구와 증거를 바탕으로 한 의학적 접근방법을 마다하고 동종요법, 영기, 심령 치료 같은 대체의학에 매달리는 (가끔은 위험한) 경향이 있다. (이 책은 초자연적 현상을 뒷받침하는 과학적 연구결과가 없다는 사실을 토론하기 위한 장이 아니다. 이러한 내용에 관심 있는 독자라면 리처드 와이즈먼Richard Wiseman의 2015년 저서『불가사의: 초자연적인 것의 과학Paranomality: The Science of the Supernatural』을 권한다.)[1]

그렇다면 믿음은 무엇일까? Dictionary.com에 따르면 믿음은 '곧바로 철저하게 증명을 할 수 없는 것에 관한 진실이나 이러한 것의 존재를 신뢰하는 것'이다. 따라서 본질적으로, 믿음이란 현실의 상태에 관한 증명되지 않은 확신이다. 그러므로 믿음을 사실과 혼동해서는 안 된다. 지구가 궤도를 따라 태양주위를 돈다고 말하는 것은 믿음이 아니라 측정하고 관찰할 수 있는 사실이다. 신은 측정하거나 관찰할 수 없으니 신이 지구가 태양주위를 궤도를 따라 돌게 만들었다고 말하는 것은 믿음이다. 물리학의 법칙, 종교, 정치적 이념, 음모론, 인간관계 등에 관한, 서로 자격 요건이 다른 많은 믿음이 있다. 지구 공동설에 대한 믿음은 음모론일 수 있고 동시에 지구의 물리적 속성에 대한 사이비 과학적 믿음이기도 하다. (사실 과학자들의 음모는 지구가 속이

비었다는 것을 알면서도 고의로 대중에게 알리지 않는다는 것이다.)

텔레파시나 손금에 대한 믿음은 자연 속 미지의 힘을 시사하므로 초자연적 믿음이지만 보통 음모를 포함하지는 않으므로 음모론은 아니다. 사람들은 자신의 배우자가 바람을 피운다고 의심할 수도 있지만, 그 의심을 입증할 확실한 증거가 없다면 이것은 음모론이 아닌 믿음이다.

　이러한 질적 차이에도 불구하고 여기서 내가 주장하는 바는 모든 믿음이 비슷한 기능을 수행한다는 것이다. 믿음은 불확실한 상황에 대한 이해형성을 돕는다. 결국 사전의 정의대로 믿음은 증명되지 않은 문제, 즉 불확실성에 관한 주장이다. 음모론은 괴로운 사건에 대해 이해를 형성할 수 있도록 도와주는데, 적대적 집단이 모든 것을 조종하고 있다고 설명한다. 점성술에 대한 믿음은 예측 불가능한 일을 예측할 수 있게 만들어 사람들이 불확실한 미래를 이해할 수 있도록 돕는다. 세상을 떠난 친척과 교류할 수 있는 영매의 능력에 대한 믿음은 고인이 된 삼촌이 어떻게 지내는지, 자신이 했던 지난날의 잘못을 삼촌이 용서하는지를 파악하는 데 도움을 준다. (영매의 말을 믿는다면 이런 경우 죽은 삼촌은 보통 잘못을 용서해준다.) 좀 더 일상적인 믿음들 또

한, 이성적이지 않은 믿음이라 할지라도, 불확실한 상황을
이해하기 위한 것이다. 예를 들어 배우자가 바람을 피운다
고 믿는 것은 정당한 의심일 수 있다. 그러나 이 또한 혼자
만 있으려 한다거나 야근을 자주 하는 것 같은 평소와 다
른 배우자의 행동에 대한 이해형성 과정이다. 이 책에서는
본래의 목표를 위해 사실일 것 같지 않은 믿음으로 논의를
국한하고 그중에서도 특히 음모론과 초자연적 믿음에 초
점을 맞출 것이다.

음모론과 초자연적 믿음의 기본적 기능이 이해형성이
고 이런 면에서 두 가지 믿음이 유사하다면, 이 중 한 가지
를 믿으면 다른 것도 믿을 가능성이 있다고 예측 가능해야
한다. 이는 음모론의 경우에는 분명 적용되는 말이다. 하
나의 음모론에 대한 믿음은 이와 관련 없는 다른 음모론을
예측할 수 있게 하는 가장 확실한 요소이다. 9/11 테러가
내부 소행이라고 굳게 믿는 사람은 제약업계가 제3세계
국가에서 불법 임상시험을 한다는 것과, 정유회사 대표들
이 중동전을 벌이도록 정치인에게 뇌물을 제공했다는 것,
과학자들이 기후변화의 위험에 관한 자료를 과장하기 위
해 연구 자료를 조작했다는 것도 믿을 가능성이 높았다. 실

제로 서로 양립할 수 없는 음모론에 대해서도 적극적인 상관관계가 나타났다. 한 연구에 따르면 다이애나 비가 자신의 죽음을 연출했을 가능성이 있다고 믿는 사람들은 다이애나 비가 암살되었을 가능성도 있다고 믿는 것으로 나타났다.[2] 분명히 다이애나 비의 죽음에 의심을 품는 이들은 실제로 일어난 일을 전적으로 확신하지는 못하지만, 사고사가 아니라는 가능성을 심각하게 고려함으로써 서로 양립할 수 없는 것까지 포함하여 다양한 음모론에 문을 열어두고 이렇게 말한다. "스스로 죽음을 연출했는지 살해되었는지 확신할 수는 없지만 우연한 사고가 아니라는 것은 확신해요."

어떤 사람이 대체로 남보다 음모를 더 잘 인식하는 경향이 있다는 사실은 음모론이 '자기완결적 신념 체계'를 형성한다거나, 사람마다 '음모론적 마음가짐'의 수준이 다르다는 것으로 설명할 수 있다. 이러한 설명은 어느 한 음모론을 믿는 것 자체가 좀 더 전반적인 견해를 강화하여 악의에 찬 음모들이 세계를 배후 조종한다는 믿음을 갖게 된다는 뜻이다.[3] 다르게 표현하면 한 음모론이 사실이라고 여겨지면 그것이 믿음의 한계 수준을 낮추어 다른 음모론도 사실일 수 있다고 가정하게 만든다. 겉보기에 가끔은 음모로 인해 충격적인 사건들이 벌어지기도 하기 때문이다. 이러한 설명이 어느 정도까지는 설득력이 있지만 이런 논리에는 한 가지 문제가 있다. 음모론에 대한 믿음은 음모와는 무관한 초자연적 믿음과도 서로 밀접한 관련이 있다. 달리 말하면 텔레파시, 영적 치유, 점성술 같은 초자연적인 것을 믿는 사람들은 그렇지 않은 사람에 비해 음모론을 믿을 가능성이 훨씬 더 높다.[4] 음모론적 마음가짐이 있다기보다는, '신념 체계'가 사람마다 각자 다른 것이고, 이로 인해 어떤 사람들은 증거가 희박하거나 없는 경우에도 어떠한 생각들을 쉽게 받아들이는 것처럼 보인다.

음모론과 초자연적인 것에 대한 믿음이 서로를 예측할 수 있게 한다는 사실을 파악하고 나면 이 두 믿음이 공통적인 정신구조를 지녔음을 알 수 있다. 좀 더 정확하게 표현하면, 사람들이 무엇을 믿고 안 믿고는 엄청나게 다를 수 있지만, 여러 다양한 음모론과 초자연적 믿음이 생겨나기까지의 기저에서 이루어지는 인지과정은 비슷하다. 이러한 인지과정은 대체로 자동으로 일어나고 주위환경을 이해하는 데 도움을 준다. 처음으로 소견을 밝히자면, 음모론이나 초자연적 믿음은 모두 분석적 사고가 아닌 직관적 사고에 뿌리를 두고 있다. 직관적 사고란 직감에 의존하고, 반사적으로 사고하고, 경험적 지식에 근거하여 판단을 내리는 것을 의미한다. 분석적 사고는 주의 깊게 심사숙고하고, 복잡한 계산을 거쳐 얻은 정보를 성찰한다는 의미이다. 직관적 사고는 자동적이고 비교적 노력 없이 얻어지며, 분석적 사고는 노력과 집중이 필요하다.

일부 음모론이 얼마나 정교하고 세심하게 만들어졌는지를 생각하면, 음모론이 분석적 사고가 아닌 직관적 사고에 바탕을 두었다는 견해는 이해가 가지 않을 수도 있다. 9/11 테러에 관한 많은 음모론도 겉보기엔 나름 정교한 분석에 근거한다. 건물이 어떻게 지어졌는지, 철근이 몇 도에서 녹는지, 여객기가 건물에 부딪힌 속도에 따른 에너지 방출량이 어떻게 되는지 등을 모두 분석하였다. 나는 이렇게 정교한 음모론조차 '분명 무언가 잘못되었어' 같은 직관이나 육감 차원에서 시작되었고, 이후에 사람들이 이러한 감정을 뒷받침할 만한 증거를 찾아낸 것으로 생각한다. 초자연적 믿음과 음모론 둘 다 직관, 즉 숨겨진 신비한 힘이 아니고서는 이해하기 힘든 상황에 대한 순간적 판단에서 시작된다. 연구에 따르면 분석적 사고, 이와 관련된 높은 교육 수준은 음모론과 초자연적 현상을 덜 믿게 만드는 것으로 나타났다.[5]

　믿음은 이해형성에 바탕을 두고 있고, 이러한 이해형성은 자동적이고 직관적인 정신과정을 통해 일어난다. 자동적 이해형성의 두 가지 핵심 요소에 관해서는 바로 다음에서 자세히 살펴보겠다. 잘 알려진 회의론자 마이클 셔머 Michael Shermer는 2011년 저서 『믿는 두뇌The Believing Brain』에서 믿음이 어떻게 형성되는지를 조사하고 두 가지 과정에 대한 증거를 찾아내는데 이를 '패턴성'과 '행위자성'이라고 명명했다.[6] 이 두 가지 과정은 1장에서 언급된 음모론의 두 요소인 패턴 인식과 행위자 감지이다. 이러한 두 가지의 인지과정 모두 정신이 작동하는 데 필수적이고, 인간이 정상적으로 기능하는데 있어 없어서는 안 되는 부분이다. 특히 이해형성을 위해서는 패턴을 보고 행위자를 감지하는 것이 가장 중요한데, 이는 일상생활에서 인간이 계속해서 자동으로 하는 일이다. 다음에서는 믿음의 구조를 이루는 이 두 가지 핵심 구성요소를 살펴보고자 한다.

패턴 인식

———

패턴 인식은 '점을 연결'하고자 하는 인간 정신의 경향으로 사람은 이러한 과정을 통해 사람, 물체, 동물, 사건 사이의 의미 있는 인과관계를 인식할 수 있다. 패턴을 인식하는 것은 무작위성을 인식하는 것과 정반대다. 무작위적인 사건은 질서가 없고 예측할 수 없지만, 패턴이 있는 사건은 이해할 수 있고 예측 가능하다. 자동으로 패턴을 찾아내는 인간의 정신능력은 매우 기능적인데, 이로 인해 행위의 결과를 예측할 수 있기 때문이다. 사실 나는 사람들 대부분이 패턴을 인식하는 능력 없이는 단 하루도 살아남지 못한다고 주장하고 싶다. 나는 조깅을 좋아하는데 항상 공원에서 조깅하겠다고 의식적으로 결정을 내린다. 그렇다면 왜 혼잡한 고속도로에서 변화하는 경치를 즐기며 달리지 않을까? 패턴을 보기 때문이다. 고속으로 달리는 차와 이러한 차들 사이에서 달렸을 때 죽을 가능성 사이에 의미 있는 인과관계가 있음을 아는 것이다. 공원에서 조깅하는 것과 고속도로에서 조깅하는 것은 건강과 관련된 결과 측면에서 보면 서로 다르며 이러한 결과는 무작위적이지 않다.

이 사실을 알기 때문에 사람들은 효과적으로 세상을 누비고 다닐 수 있다. 패턴을 인식할 수 없다면 사람들은 예측 불가능한 골칫덩어리가 될 것이다.

대부분의 경우 기능적이지만 패턴을 자동으로 인식하는 경향에는 한 가지 단점이 있다. 간혹 사건이 정말로 무작위일 때에도 사람들이 그 속에서 패턴을 인식한다는 점이다. 이를 '가상의 패턴 인식'이라 부른다. 가끔 존재하지도 않는 어떤 의미 있는 관계를 보는 것이다. 사실, 인간은 무작위적인 것을 제대로 인식하지 못한다. 동전을 100번 던져 앞이 몇 번 나오고 뒤가 몇 번 나오는지 같은 무작위 결과를 만들어 내라는 요청을 받았다고 생각해보자. 단, 동전을 실제로 던져서는 안 된다는 전제가 있다. 사람들은 이 요청을 제대로 수행하지 못했는데, 이들이 노력해서 만들어낸 무작위는 진짜 무작위 결과와는 매우 달랐기 때문이다.[7] 흔히 일어나는 실수는, 동전의 앞뒤가 번갈아 나와야 한다고 생각하는 것이다. 사람들은 '앞면'이 3번 나온 후에는 '무작위로 보이게' 하기 위해 네 번째는 '뒷면'이 나와야 한다고 생각했다. 그러나 진정한 무작위는 무작위처럼 보이는데 신경 쓰지 않는다. 무작위에서는 '앞면'이 세 번 나온 후에도 동전을 던져서 다시 앞면이 나올 확률이 그대로 50%이다. 그러므로 사람들은 무작위 과정에서 같은 결과가 연속적으로 나올 확률, 예를 들어 여섯 번 연속 '앞면'이 나올 확률을 구조적으로 과소평가한다. 이러한 연속성이 나타나면 인간 정신에는 이것이 패턴처럼 보이지만, 공교롭게도 사실은 이것이 무작위성의 진정한 형태이다.

사람들은 우연이나 불확실한 결과를 다룰 때마다 가상의 패턴을 인식한다. 전적으로 운에 좌우되는 결과가 연속해서 나올 것으로 예상되는 환경의 한 가지 예가 카지노이다. 사람들은 블랙잭이나 룰렛 같은 게임에서 패턴을 감지하려 하므로 '운이 따른다' 싶으면 점점 더 많은 돈을 걸기 시작한다. 또 판돈이 계속 쌓인다 싶으면 테이블을 바꾸고, 짝수 번호가 연속해서 너무 많이 나왔다 싶으면 홀수 번호에 돈을 건다. 실제로 연구에 의하면 무작위적인 것에서 패턴을 인식하는 경향은 습관성 도박을 예측할 수 있는 좋은 지표로 나타났다.[8]

흥미롭게도 가상의 패턴 인식은 인간에게만 국한된 것이 아니고 비둘기에서도 발견된다. 조작적 조건화에 관한 논문으로 잘 알려진 심리학자 스키너는 굶주린 비둘기들에게 규칙적으로 모이를 주었다.[9] 스키너는 여기서 놀라운 사실을 발견했다. 비둘기들이 지난번 모이를 받기 직전에 했던 행동을 되풀이하고 있는 것이었다. 비둘기들이 마치 지난번 모이를 받기 직전에 했던 행동과 모이를 연관 지어 가상의 패턴을 인식한 것처럼 보였다. "지난번 머리를 이런 식으로 흔들었더니 맛있는 걸 받았어. 그러니 어디 다시한번 해보자!" 실제로는 새들이 무엇을 하든 상관없이 정해진 시간이 되면 모이를 받았을 것이다. 스키너는 이에 대해 다음과 같이 말했다.

> 이 실험이 일종의 미신을 시연해 보였다고도 말할 수 있을 것이다. 새들은 인과관계가 전혀 없는데도 불구하고 자신의 행동과 모이 제공 사이에 인과관계가 있는 것처럼 행동했다.[10]

사람들은 무작위인 것에서 패턴을 인식하는 경향이 있고, 이러한 가상의 패턴 인식이 믿음과 관련한 심리의 일부이다. 세상의 많은 사건이 우연의 일치로 동시에 발생하지만 사람들은 이러한 우연을 신비로운 힘의 결과로 돌리는 경향이 있다. 예를 들어 집이 낙뢰에 맞아 불이 났다고 치면 그 사람은 지난주에 자기가 동료에게 거짓말을 해서 벌을 받았다고 생각할 수도 있다. 그러나 벼락에 맞지 않았다면 자신이 거짓말한 사실조차 까맣게 잊어버렸을 것이다. 여기에 고전적인 예 하나가 또 있다. 어쩌다 옛 친구 생각이 났는데 그로부터 한 시간 후 이 친구가 갑자기 전화를 걸어오면 사람들은 '이건 우연일 수가 없어!'라고 생각한다. 그러나 누구나 많은 옛 친구들이 있고 꽤 자주 옛 친구들에 대해 생각한다. 우리는 옛 친구를 생각하고 있는데 그 친구가 전화를 걸지 않았던 경우에 대해서는 무시한다. 이런 우연은 이따금 생기기 마련이지만 막상 일어나게 되면 사람들은 이것이 가상의 패턴 인식이라는 것을 인지하지 못한다.

심령치료사들은 종종 자신들의 치료가 효험이 있다는 것을 선전하기 위해 이 원칙을 활용한다. 많은 암 환자를 치료하고 있는 어느 심령치료사를 상상해보자. 어느 날 환자 중 한 명이 자신이 완치되었다며 감사의 말을 전한다. 치료사는 이를 자기 치료가 용하다는 증거로 생각하고 이 사례를 대중과 의료 전문가들에게 알려 자신의 치료 방법의 정당성을 인정받으려 한다. 여기서 심령치료사가 헤아리지 못한 것은 비록 드물기는 하지만 종양이 자가치유가 되기도 한다는 사실이다. 만약 환자의 수가 아주 많다면 그 중에서 이런 몇몇 사례가 실제로 일어날 수 있다. 환자가 실제로 나았다 하더라도 그것이 심령치료가 효험이 있어서라는 확실한 증거는 없다. 그러나 더 중요한 것은 심령치료사가 병이 나았다고 감사 인사를 전해오지 않은 많은 환자들을 고려하지 못한 점이다. 그 이유는 이 치료가 그 환자들의 암을 고치는 데 아무런 효험이 없었거나, 어떤 경우 제대로 된 병원치료를 받았다면 살 수도 있었을 환자들을 심령치료로 시간을 낭비하게 해 치료기회마저 박탈해 버렸기 때문이다.

음모론 또한 전적으로 우연적인 사건들을 서로 연결하는 것이다. 일부 9/11 테러에 관한 음모론에서는 당시 국방장관 도널드 럼스펠드가 여객기가 건물과 충돌하던 순간에 펜타곤 국방부 청사의 안전지대에 머무르고 있었다는 사실을 크게 강조한다. "이것은 우연일 수가 없어요. 필시 그는 비행기가 오고 있다는 사실을 알았을 겁니다!" 국방장관이 일할 때 자신의 집무실에 있는 것이 당연하다는 사실은 여기에서 중요하지 않다. 누군가는 국방장관이 국방부 청사에 있었다는 사실이 그가 앞으로 일어날 일에 대한 단서를 몰랐다는 증거라고 말할 수도 있다. 자살할 생각이 아닌 바에는 비행기가 건물을 칠 것이라는 사실을 미리 알았다면 그곳에서 가능한 한 멀리 떨어져 있으려 했을 것이다. 이와 관련하여 일부 음모론에서는 9/11 테러 당시 붕괴된 세계무역센터 쌍둥이 빌딩과 그 건물에 있었던 것으로 추정되는 불법 금융거래 관련 비밀문서 사이에 의미심장한 관련이 있다고 주장한다. 만약 관계당국이 없애고자 했던 불리한 물증이 쌍둥이 빌딩 안에 실제로 있었다면 여객기를 납치하는 것보다 문서파쇄기를 사용하는 것이 더 효율적인 방법이 아니냐는 생각이 들 수밖에 없다.

믿음의 형성에 있어 패턴 인식의 역할과 관련해 흥미로운 질문이 하나 있다. '초자연적 현상이나 음모론을 쉽게 믿는 사람들이 대체로 무작위적인 것에서도 패턴을 잘 인식하는가'이다. 초자연성에 대한 믿음과 관련해서 이 질문이 처음으로 검증된 것은 1985년 연구에서였다. 참가자들에게는 다양한 확률 과업이 주어졌다. 다시 말해, 참가자들은 특정 결과가 우연히 일어났는지 동전 던지기처럼 무작위적 과정을 통해 일어났는지를 추정해야 했다. 초자연적 현상을 믿지 않는 참가자들이 이 일을 더 잘 수행했고, 초자연적 현상을 믿는 참가자들보다 무작위성을 더 잘 인지하는 것으로 나타났다.[11] 그 이후로도 이 아이디어는 자주 검증되었는데, 대부분의 연구에서 초자연적 현상을 믿는 사람과 믿지 않는 사람 사이에서 우연을 인지하는 능력 차이가 있다는 것이 밝혀졌다.

그런데도 무작위성을 감지하는 능력과 믿음 사이의 상관관계가 모든 상황에서 다 드러나는 것은 아니다. 일부 연구에 따르면 초자연적 현상에 대한 믿음과 패턴 인식 사이에는 관계가 없다. 또한 프랑스의 한 연구에서는 음모론과 패턴 인식 사이에도 아무런 관계가 없다는 결론이 나왔다.[12] 이는 믿음과 패턴 인식의 관계가 모든 사람과 모든 상황에서 똑같이 나타나지 않는다는 점을 시사한다. 그렇다면 무작위인 것에서 패턴을 인식하는 경향과 믿음의 관계를 결정짓는 것은 무엇일까? 비록 이 시점에서는 추측이긴 하지만 두 개의 연구에서 흥미로운 관점을 시사하는데, 일반 대중에서는 믿음과 패턴 인식에 상관관계가 있다고 나타났지만 고등 교육을 받은 대학생들에서는 이러한 상관관계가 나타나지 않았다.[13] 많은 사회과학자들이 주로 편의성 때문에 대학생을 대상으로 실험을 한다. 이러한 관행이 항상 문제가 되는 것은 아니지만, 교육수준이 높은 사람들은 그렇지 않은 사람들보다 초자연적 현상이나 음모론을 덜 믿는다는 점을 감안한다면 믿음에 대한 연구에서 대학생으로만 구성된 표본은 문제가 있다. 어떠한 한계치 이상의 믿음을 가진 사람들의 경우에만 무작위를 인식하는 능력이 떨어지는 것일 수 있기 때문이다.

음모론이 가상의 패턴 인식 때문에 생겨나는 것인지 아닌지를 밝혀내기 위해 나는 카렌 더글러스와 학생 클라라드 이노첸시오와 함께 일반 대중을 대상으로 일련의 연구를 수행했다. 그 결과, 무작위 동전 던지기 결과에서 패턴을 발견한 사람들은 초자연적 현상뿐 아니라 음모론도 더 잘 믿는 경향이 있었다.[14] 더 나아가 우리는 참가자들이 다소 추상적이고 무질서한 미국 화가 잭슨 폴락Jackson Pollack의 그림 속에서 패턴을 발견하는 정도를 살펴보았다. 폴락의 그림은 현대 미술 애호가들 사이에서도 매우 다른 반응을 불러일으킨다. 어떤 이들은 그림 속에서 흥미로운 형체나 장면을 보지만 다른 이들에게는 캔버스 위에 임의로 흩

뿌려진 페인트만 보일 뿐이다. 참가자가 이들 추상화 속에서 패턴을 명확히 보면 볼수록 초자연적 현상뿐 아니라 음모론도 더 잘 믿는 것으로 밝혀졌다. 이 분야에 관해서는 연구가 더 필요하지만 믿음의 핵심적인 특징은 가상의 패턴 인식, 즉 무작위성에서 자동으로 패턴을 인식하는 경향으로 보인다.

행위자 감지

행위자 감지란 타인의 행동에서 고의성을 인지하는 경향을 말한다. 그러므로 행위자를 감지하는 것은 의도를 가진 주체가 고의적 행위를 했다는 사실을 설정하는 것을 의미한다. 패턴 인식과 마찬가지로 사람들의 행위자 감지 능력은 매우 기능적이며 많은 경우 생명을 구해주기도 한다. 캐나다 국립공원으로 소풍을 갔다고 상상해보자. 아름다운 경치를 즐기며 몇 시간을 보낸 후 갑자기 회색곰과 맞닥뜨렸다. 그런 경우, 행위자를 감지할 수 있는 능력은 사람의 생명을 구한다. 곰이 당신을 죽일 의도를 가졌을 수도 있다는 것을 인지하면 적절한 행동을 취할 수 있다. (참고로 곰이 사람보다 빠르므로 절대 뛰지 말고, 가능하면 나무 위로 올라가는 것이 더 낫다.) 다른 여러 경우에도 행위자를 감지하는 예를 현실에서 얼마든지 찾을 수 있다. 보행자가 차와 충돌한 후 사망한 상황을 생각해보자. 운전자가 고의로 사고를 냈는가 아니면 비극적 사고였는가? 운전자의 처벌 정도를 결정할 때 사람들은 이 중요한 질문에 대한 답을 찾는다.

행위자 감지는 '마음이론'이라고 부르는 좀 더 광범위한 정신 능력의 일부이다. 마음이론은 사람들이 타인의 생각과 느낌을 상상할 수 있기 때문에 이들이 특정 방식으로 행동하는 이유를 이해할 수 있다는 이론이다. 마음이론은 성공적인 사회생활에 필수 요건인데, 이는 자신이 한 행동의 사회적 파장을 예측할 수 있게 해주기 때문이다. 왜 사람들은 보통 장례식에서 큰 소리로 웃지 않을까? 타인을 이해하는 마음이론이 있기 때문이다. 사람들은 망자의 시신 앞에서 웃는 것이 애도하는 참석자 모두에게 심한 상처를 준다는 것을 알고 있다. 나아가 그렇게 웃는 행동에 장기적 결과가 따른다는 것도 안다. 우정이 깨어질 수도 있고, 자신에 대한 평판이 나빠질 수도 있고, 미래에 다른 사람의 도움을 받을 가능성이 낮아질 수도 있다. 마음이론 덕분에 사람들은 언제 더 크게 말할지, 언제 침묵할지, 언제 사과할지, 언제 음악의 볼륨을 좀 더 낮출지 등에 대한 적절한 감을 발달시킬 수 있다. 이로 인해 사람들은 어떤 행위가 고의인지 실수인지도 구별할 수 있다.

그러나 사람들은 패턴 인식에서 실수하듯이 행위자 감지에서도 종종 아무것도 없는 상태에서 행위자를 인지한다. 프리츠 하이더Fritz Heider와 마리안느 짐멜Marianne Simmel의 1944년 고전적 연구에서는, 참가자들에게 삼각형 두 개와 원 하나가 스크린 주위를 움직이는 이차원 영상을 보여준 후 자신이 본 것을 묘사하도록 했다. 당시에는 컴퓨터나 고도로 사실적인 애니메이션 같은 것은 없었기 때문에, 이 영상은 그야말로 기본적이었다. 그러나 바로 이것이 핵심이다. 그야말로 단순한 기하학적 형태이기 때문에 이 형태들은 무생물이고 실제 감정이나 의도가 없었는데도 모든 참가자가 이들 형태에 행위 주체를 부여하는 이야기를 내놓았다. 예를 들어 참가자들은 어떻게 큰 삼각형이 화가 난 나머지 작은 삼각형에게 공격적이 되었는지, 어떻게 원이 궁금해져서 큰 삼각형의 집 주변을 기웃거렸는지 등으로 묘사했다. (여기서 집이란 스크린 속의 고정된 직사각형이었다.) 이 영상을 직접 확인해 보기 바란다. 해당 영상은 인터넷 사이트 http://trbq.org/play/에서 볼 수 있다.

휴가 때 비를 뿌리는 날씨에 화를 내본 적이 있는가? 날씨가 아무런 의도가 없고 실제로 어떤 책임 추궁을 당할 만한 고의적 행위자가 아니라는 것을 이해하는 데는 과학 교육까지 필요하지도 않다. 휴일에 비가 오는 것은 그저 운이 나빴거나 계획을 잘못 세운 탓이다. 그래도 많은 이들이 날씨에 화를 내고, 나도 역시 이를 경험한 적이 있다. 일부 사람들은 날씨를 탓하는 것이 착각이라는 것을 쉽게 인지하는 반면, 다른 많은 이들은 날씨를 고의성을 가진 행위자로 취급한다. 또한 예를 들면, 휴가 동안 날씨가 궂은 데에 대해 "밖에 나가지 말고 서로 대화 좀 하라는 뜻인가 봐. 우리 한동안 대화가 뜸했잖아."라며 어떤 이유가 있다고 믿는다. 날씨에서 행위자를 감지하는 일은 모든 시대에서 찾아볼 수 있다. 고대사회에는 날씨를 설명해줄 수 있는 신들이 존재했다. 하늘을 통제한 그리스 신화의 제우스와 로마 신화의 주피터, 또는 특히 천둥을 관장한 바이킹의 토르가 그 예이다.

여러 초자연적인 것에 대한 믿음에서도 일종의 행위자를 가정한다. 세계의 많은 종교에서는 사람들의 행위에 따라 의도적으로 벌이나 상을 내리는 유일신이나 여러 신의 존재를 흔히 가정한다. 유령이나 내세에 대한 믿음에서는 세상을 떠난 사람들이 아직도 행위자이고 감정, 소망, 열망을 가지고 세상 어딘가에 존재한다고 가정한다. 가령 사주에서는 특정 사건들이 일어나게 되어 있다고, 다시 말해, 예정된 미래의 형태에는 목적이 있다고 가정한다. 마지막으로 사람들은 새로이 연인을 만나는 것, 새 직장을 구하는 것뿐 아니라 위험한 질병에 걸리는 것 또는 사랑하는 이와 사별하는 것을 포함한 인생의 좋거나 나쁜 모든 경험을 '다 이유가 있어서 일어난 일'이라고 주장한다. 다시 말해서 누군가 또는 무언가가 이 모든 것이 일어나도록 의도적으로 계획을 했고 우리가 미처 이유를 이해하지 못했을 뿐이라고 주장한다. 이 모든 것이 행위자 감지, 즉 목적 또는 의도를 가정한 사례이다.

행위자 감지는 어떤 행동이 고의로 이루어졌다고 가정하는 것으로 음모론의 핵심 특징이다. 만약 비행기가 기술적 결함이나 인간의 실수로 인해 추락했다 하더라도 음모론에서는 비밀기관이 의도적으로 격추한 것이라고 주장한다. 아니면, 실제로 사고인 것은 맞지만 비밀기관이 그 비행기에 실려 있던 의문의 화물 같은 민감한 정보를 의도적으로 은폐하려 했기 때문이라고 가정한다. 그러나 음모론에서는 위기 상황에서 용의자들이 무능하다고 가정하는 적은 거의 없다. 2008년 금융위기의 원인 중 일부는 적어도 근시안적 사고나 탐욕과 같은 인간의 결함으로부터 은행을 제대로 보호하지 못한 나쁜 시스템 때문이라고 말할 수도 있다. 그러나 금융위기에 대한 여러 음모론에서는 은행가들이 음모를 꾸민 것이며, 단기가 아닌 장기적 계획에 의해 금융위기를 발생시킨 것이라고 가정한다. 한 음모론을 예로 들면 민주당 측 은행가들이 2004년 덴버에서 열린 민주당 전당대회에서 버락 오바마에 너무나 매료된 나머지 2008년 선거에서 오바마를 도우려고 고의로 위기를 초래했다고 주장한다. 음모론에서는 언제나 공모자들에게 정교하고, 상세하고, 지능적인 계획이 있다고 가정한다.

연구에 의하면 실제로 존재하지 않는 곳에서 행위자를 감지하는 것이 초자연적 믿음과 음모론적 믿음을 예측할 수 있는 좋은 척도이다. 한 연구에서 대학생들과 초자연 현상 축제 참가자들을 연구대상으로 선발했다. 실험 참가자들에게 포인트 라이트로 만들어진 여러 단편영화를 보여주었는데, 어떤 영화에서는 이러한 빛의 점들이 합쳐져 사람이 걸어가는 형상이 만들어지고, 또 다른 어떤 영화에서는 사람의 형상이 만들어지지 않았다. 따라서 참가자들은 이러한 빛의 점들이 만들어낸 의도적인 행위자를 인식하기도 하고 인식하지 못하기도 했다. 실험결과에 의하면 초자연 현상 축제 참가자들은 대학생들보다 '허위 경보', 즉 실제 존재하지 않는 의도적 행위자를 더 잘 인식하는 것으로 나타났다.[15] 뿐만 아니라 이러한 가상의 행위자 감지는 초자연적 믿음에 대한 강력한 예측인자였다. 음모론과 관련해서 한 연구에서는 과도한 행위자 감지를 측정할 수 있는 수단 두 가지를 포함하였다. 그중 하나인 의인화는 동물, 감정, 혹은 상황에 인간의 의도와 감정을 투사하는 경향을 말한다. 예를 들어 바람에 감정이 있다고 믿으면 바람을 의인화하는 것이다. 두 번째 수단으로, 연구참가자들에게 유명한 하이더와 짐멜의 영상을 보여주고 이러한 형상들이 얼마나 의도적인지를 물었다. 이 두 가지에서 행위자를 더 잘 인식한 참가자들은 음모론도 더 잘 믿는 경향을 보였다.[16] 종합해 볼 때 이러한 증거들이 시사하는 바는 행위자를 감지할 수 있는 인간의 기본 정신능력이 인간의 믿음을 형성하는 기저 심리의 일부라는 점이다.

맺으며

이번 장에서는 패턴 인식과 행위자 감지라는 자동적인 인식과정을 설명함으로써 음모론이 다른 형태의 믿음과 어떤 공통점을 갖는지 밝혀내려고 했다. 이를 위해 대다수 음모론과 마찬가지로 대부분의 초자연적 믿음도 사실이 아닐 가능성이 높다는 점을 감안해 음모론을 초자연적 믿음과 비교했다. 그러나 음모론은 여러 면에서 초자연적인 믿음과는 다르다는 점을 고려해야 한다. 많은 초자연적 믿음이 물리학 법칙의 관점에서 불가능하지만, 많은 음모론은 적어도 이론상으로는 가능하며 1장에서 살펴본 대로 반제회담과 워터게이트 사건처럼 음모는 종종 생겨난다. 또한 1장에서 다룬 음모론의 다섯 가지 요소가 다른 형태의 믿음에 모두 적용되는 것은 아니다. 그러므로 다음 장에서는 음모론과 다른 형태의 믿음을 구분 짓는 특징에 초점을 맞추고자 한다. 그중에서도 특히 모든 음모론의 가장 핵심적인 특징인 적대적이고 권력을 가진 위험한 사회집단 음모자의 개입을 집중 조명하려 한다.

04
음모론의 사회적 뿌리

2015년 11월 13일. 파리에서 일어난 테러 공격은 전 세계를 충격에 빠뜨렸다. 테러 공격은 여러 장소에서 동시다발적으로 일어났지만 가장 많은 사상자를 낸 것은 바타클랑 극장이었다. 이곳에는 미국 록밴드 '이글스 오브 데스 메탈'의 공연을 보기 위해 수많은 팬들이 모여 있었다. 테러범 세 명이 칼라시니코프 자동소총을 들고 극장 안으로 들어와 사람들을 향해 총을 난사했다. 그날 밤 바타클랑 극장에서는 모두 89명이 사망했다. 밴드 멤버들은 테러 공격에서 살아남았지만, 물품을 팔던 밴드 소속 직원 한 명이 사망했다. 바로 뒤이은 인터뷰에서 밴드 멤버들은 당연히 벌어진 일에 관해 큰 충격을 받은 상태였다. 물론 밴드의 책임은 전혀 없었지만 세계 각국의 많은 이들이 동정심을 표했다. 그러나 몇 달이 지나자 그 동정심은 서서히 사라져갔다. 밴드의 리드 보컬 제시 휴즈Jesse Hughes는 여러 인터뷰에서 음모론을 주장하며 바타클랑 극장의 보안 직원들이 테러에 연루되어 있다고 말했다. 휴즈에 의하면 테러 공격이 바타클랑 극장의 내부 소행이고 보안 팀이 고의로 테러범들을 극장 안으로 들여보냈다는 것이었다. 이런 의혹의 결과 2016년 프랑스 축제에서 많은 밴드 공연이 취소되었고, 제시 휴즈는 그 후 바타클랑 극장의 기피인물이 되었다.

멀리 떨어져서 보면 휴즈의 주장이 말도 안 된다고 판단하기 쉽다. 그러나 적어도 그의 음모론은 실제로 겪은 일의 트라우마에서 비롯된 것이다. 그 운명의 날 휴즈는 자신의 열렬한 팬들이 시시각각 총에 맞아 죽어가는 것을 목격했다. 자신도 살기 위해 도망쳐 나와야 했고 나중에는 자기 밴드 직원의 죽음을 애도해야 했다. 이전 장에서 살펴보았듯이 공포나 불확실성 같은 부정적인 감정이 음모론을 촉발할 수 있다. 휴즈는 이런 감정을 가질 이유가 충분했다.

그러나 더 흥미로운 것은 그날 밤 살기 위해 도망칠 필요가 없었던 사람들까지 많은 음모론을 만들어 냈다는 것이다. 파리 테러 공격이 벌어진 다음 날 아침, 나는 다양한 네덜란드 음모론 웹사이트에 무슨 내용이 게시되었는지 확인했다. 예상한 대로 웹사이트는 이미 테러 공격에 대한 온갖 음모론으로 가득했는데 일례로 프랑스 정부가 '위장 작전'을 수행한 것이라고 비난하는 음모론도 있었다. 이러한 음모론 대부분은 네덜란드에서 안전하게 지내는 사람들이 올린 것이기 때문에 그들 대부분은 희생자를 개인적으로 알지 못했다고 가정하는 것이 합리적이다.

이러한 특징은 음모론에서 매우 흔하게 나타난다. 즉 자신이 어느 특정 사건에서 직접 피해를 입지 않았어도 사건이 음모에 의해 일어났다고 믿을 수 있다. 말레이시아 항공 370기가 사라졌을 때도 전 세계에서 갖가지 음모론이 대두되었는데 일부 음모론은 매우 희한했다. 당시 어느 기자는 실제로 내게, 비행기 실종의 생존자 이야기를 다룬 드라마 '로스트Lost'의 실사 편을 찍기 위해 기획된 사고라는 일종의 할리우드 배후설에 대해 어떻게 생각하느냐고 물었다. 말레이시아 항공기 실종 음모론을 믿는 사람들 대부분이 탑승객을 직접 알지는 못할 것이다. 마찬가지로 많은 이들이 9/11 테러 사건으로 사망하기는 했지만 꼭 희생자의 친척이나 친구들만 그 음모론을 믿는 것은 아니다. 그렇기는 해도, 대규모 희생자를 낸 세상의 모든 사건이 세계 다른 지역의 사람들 사이에서 모두 음모론을 끌어내는 것은 아니다. 한편으로는 자신이 피해를 입거나 희생자와 친분이 없어도 음모론을 믿을 수 있지만, 다른 한편으로는 세상의 모든 고통스러운 사건이 항상 음모론으로 이어지는 것은 아니다.

1994년 르완다 집단 학살 사건이 일어났다. 단 몇 주 만에 후투족 전사들이 장도를 휘둘러 90만 명으로 추산되는 투치족과 온건파 후투족을 살해했다. 총 희생자는 당시 르완다 인구의 약 20%에 해당한다. 여기서 잠시 이 숫자의 의미를 되새겨보자. 단 몇 주 만에 백만 명의 무고한 성인 남녀와 어린이들이 짐승처럼 도살당한 것이다. 비극의 슬픔과 고통의 정도를 비교할 수는 없겠지만 적어도 사망자 수 통계상 르완다 집단학살은 전례 없는 규모다. (논란의 여지가 있으므로 여기서는 학살로만 국한하고 대규모 강간과 그로 인한 에이즈 창궐에 대한 논의는 제외한다.) 이는 9/11 테러 공격

희생자의 300배에 달하는 숫자이고 말레이시아 항공 여객기 실종 사건 희생자 수의 3,765배이다. (여객기에는 승객 227명과 승무원 12명이 탑승하고 있었고 나는 이들이 '로스트'의 새 시즌을 찍고 있는 것이 아니라 사망했다고 추정한다.) 총 희생자가 130명인 파리 테러 공격의 6,900배가 넘는다. 르완다 집단학살에서는 사망자 수만 해도 우리가 이해할 수 있는 한계를 넘어섰다. 그렇다면 이러한 끔찍한 사건은 확실히 전 세계적으로 주요 음모론이 무수히 생성되었어야 한다. 그렇지 않을까?

그러나 유럽 음모론 웹사이트를 살펴보면 르완다 집단학살에 관한 음모론이 거의 없다는 사실에 놀랄 수밖에 없다. 다만, 르완다에 가보지는 않았지만 이 사건에 대한 음모론이 르완다 국민들 사이에서는 분명 만연해 있을 것이라고 상상만 할 뿐이다. 실제로 집단학살을 부인하는 것은 르완다에서는 범죄인데 이는 르완다 관계당국이 조치를 취해야 할 만큼 이 사건에 대한 음모론이 많다는 것을 시사한다. 마찬가지로, 유대인 학살을 부인하는 것도 독일에서는 불법이다. 그렇다면 유럽인들 사이에서 르완다 집단학살에 대해 음모론을 제기하는 웹사이트는 왜 보이지 않을까? 집단학살이 다른 나라에서 일어났기 때문이라고 말할 수도 있겠지만 이런 설명만으로는 충분치 않다. 9/11 테러 공격도 유럽에서 일어나지 않았지만 오늘날까지도 많은 유럽인들이 9/11 테러에 관한 음모론을 믿고 있고 앞으로 수십 년이 지나도 계속 믿을 것이다. 유럽인들에게는 르완다 집단학살이나 9/11 테러도 똑같이 다른 나라에서 일어난 비극적인 사건이다. 그렇다면 위기 상황을 두고 사람들이 분노하는 정도와 이를 음모론으로 설명하려는 시도가 나타나는 정도는 무엇에 의해 결정되는 것일까?

이러한 불일치에 관한 설명은 인간 본성에 대해 간단하지만 유감스러운 진실에서 찾을 수 있다. 다시 말해 사람들에게는 세상을 '우리'와 '그들'로 분류하려는 경향이 있으며 주로 '우리'가 희생되었을 때 불안해한다. 비록 미국인들과 유럽인들이 평소에는 자신들이 서로 얼마나 다른지 강조하기를 좋아하지만 이들의 문화는 여러 차원에서 매우 비슷하고 상대방 국가를 주기적으로 여행한다. 미국에서 테러 공격이 일어났을 때 유럽연합 국민들은 마치 '우리'가 공격을 받은 것처럼 느낀다. 그 반대 경우도 마찬가지다. 유럽연합 국가들이 다음 공격목표가 될 수 있다는 것을 알기 때문이다. 대부분의 유럽연합 국제공항을 운항하는 현대적 회사인 말레이시아 항공 여객기가 알 수 없는 상황에서 사라지는 사건 또한 유럽인들에게는 자신과 밀접한 관련이 있는 것처럼 느껴진다. "나와, 내 가족, 내 친구가 타고 있을 수도 있었어!" 이 사건에서도 우리는 희생자의 비극에 공감할 수 있다. 이성적으로는 비행기 사고로 희생될 확률이 일상에서 마주치는 여러 위험에 비해 낮다는 것을 알더라도 마찬가지이다. 그러나 유럽인들 대부분이 후투족이 투치족을 살해하고 있다는 뉴스에 경악하기는 했지만 동시에 그런 사건이 다른 나라에서 일어나고 있다는 사실도 인식했다. 유럽연합의 국민들은 그런 사건이 자신들의 나라에서 일어난다고 상상하기는 어렵기 때문에 자신이 이러한 희생자나 가해자와는 다르다고 인식한다. "'그들'에게 일어난 일은 끔찍해……. '우리'가 여기 살아서 너무 다행이야."

따라서 음모론이 만들어지기 위해서는, 자신이 희생 당사자여야 할 필요는 없지만 어느 정도는 해당 사건에 자신도 관련이 있는 것처럼 느낄 수는 있어야 한다. 이러한 자기 관련성은 희생자와 자신을 유사하거나 동일시하는 의식을 통해 성립된다. 또한 사람들은 자신이 테러 공격같이 고통스러운 사건을 당할 수도 있다고 상상함으로써 자신과 희생자의 정체성을 연결할 수 있다. 이로 인해 사건이 더 무섭게 느껴지고, 희생자의 시각에서 사건을 바라보게 되고 자신들이 당했다면 어땠을지 상상하게 될 가능성이 높아진다. 이렇게 인식에 의해 희생자와 사회적 연결이 이루어지면서 사람들에게는 사건을 이해하고자 하는 열망이 생겨난다. 그리하여 사람들은 걱정하고, 고심하고, 무슨 일이 일어났는지 알고 싶어 한다. 2장에서 설명한 대로 이러한 상황을 이해하고자 하는 열망이 음모론의 기초가 된다. 그러나 사람들이 자신의 정체성과 희생자 사이에 연결고리를 찾지 못할 때는 사건의 상황을 이해하고자 하는 열망을 경험할 가능성이 낮다. 유럽연합 국민들이 르완다 집단학살에 무관심해서가 아니라 자신이 본 것에 공포심을 느끼지만 우려하거나 무슨 일이 일어났는지 알아내려는 대신 대부분은 그것을 보고 싶지 않아 한다. TV를 끄거나 만화를 보거나 다른 것에 관심을 돌리는 것이다. 그 결과, 음모론이 생길 가능성이 낮아진다.

'우리'와 '그들'의 차이도 음모론의 기본구조에 적용된다. 전형적인 음모론에서 '그들'은 '우리'를 해치려고 음모를 꾸미는 사람들이다. 음모론이란 본질적으로, 정치가, 정치적 기관, 기업 대표들, 대기업, 민족 또는 종교 집단 등으로 구성된 연합 또는 집단에 관한 것이다. 또한, 적어도 이 책의 초점이 되는 음모론에서는 음모를 인지한 한 개인을 대상으로 음모가 꾸며지는 것이 아니라 시민, 직원들, 환자들, 민족 또는 종교 집단 같은 더 넓은 집단을 대상으로 음모가 꾸며진다. 한 가지 공통된 연구결과에 따르면 사람들이 정치에서 소외되었다고 강하게 느낄수록 정치관련 음모론을 믿을 가능성이 더 높은 것으로 나타났다.[1] 왜 이런 일이 생길까? 정치에서 소외되었다고 느끼는 사람들은 정치가를 '우리'가 아닌 '그들'로 인식하기 때문이다. 음모론의 핵심은 희생자인 '우리'와 사악한 권력자인 '그들'이다.

이는 음모론이 다른 집단과의 갈등에 관한 것이라는 점을 시사한다. 결국 음모론은 다른 집단이 자신이 속한 집단을 해치기 위해 음모를 꾸미고 있다고 가정하는 것이다. 사실, 음모론은 집단 간 갈등에서 흔히 생겨난다. 집단 간 갈등의 궁극적인 형태는 전쟁이며 역사학자들은 최근 역사 속 거의 모든 전쟁에서 갈등을 빚은 양측 모두가 적대 집단에 관한 음모론을 가지고 있었다는 점에 주목했다.[2] 그러므로 음모론의 사회적 뿌리를 이해하기 위해서, 집단 간 갈등에서 나타나는 두 가지 공통된 특징이 어떻게 음모론과 연계되는지 살펴볼 것이다. 첫 번째 특징은 사람들이 자신의 정체성을 집단과 관련 짓는 정도이다. 자신을 특정 집단과 더 강하게 동일시할수록 집단 구성원들이 희생되었을 때 더 걱정하고, 다른 경쟁 집단을 잘 받아들이지 않는다. 이처럼 자신의 정체성을 집단과 강하게 관련 지으면 국수주의, 내집단 우월주의, 동일시 등의 감정에 이러한 것이 반영되는데, 타 집단을 의심하는 정도가 높아지고 그 결과 음모론이 생겨난다. 두 번째 특징은 외집단으로부터 위협을 받는다는 느낌이다. 사람들은 타 집단이 자신이 속한 집단과 다르다는 이유만으로 매번 걱정하지는 않는다. 사실, 때로는 타 집단이 상거래나 연합 파트너로서 긍정적이고 유용하게 여겨질 수 있다. 그러나 집단 간 갈등에서는 자기 집단의 안위에 직접적 위협을 가하는 외집단이 있다. 다시 말해, 적대적 연합의 존재가 모든 음모론의 핵심 요소이다.

자신의 정체성을 집단과 관련 짓기

이제까지 논의한 내용은 음모론의 사회적 뿌리에 관한 단순 명료한 사실을 보여준다. 즉 자신의 정체성을 어느 특정 집단과 강하게 관련 지으면 지을수록 자기 집단 구성원이 희생되었을 때 음모론을 믿을 가능성이 높아진다. 네덜란드 라이덴 대학의 에릭 반 디이크 교수와 공동 진행한 일련의 연구에서 이 기본적인 사실을 검증하였다.[3] 연구진은 네덜란드인을 대상으로 실험을 진행했는데 실험의 출발점은 다소 역설적이게도 네덜란드 사람들이 강한 유대감을 느끼지 않을 것 같은 집단 또는 국가를 대상으로 했다. 연구가 이상적으로 이루어지기 위해서는 네덜란드 뉴스에 거의 나오지 않거나, 실험 참가자들이 잘 여행하지 않고 실제 문화나 정치 상황에 대해 잘 모르는 나라가 필요했다. 결국 우리는 아프리카 북서부에 있는 작은 나라 베닌을 생각해냈다. 그리고 참가자들에게 베닌에서 일어났다고 보도된 사건이 나오는 가상 신문을 읽게 했다.

연구 참가자들이 잘 알지 못하는 나라에 초점을 맞춘 이유는 무엇일까? 이런 접근방법의 장점은 참가자들이 자신의 정체성과 무관하다고 생각하는 집단에서 연구를 시작한 후 그 집단에 개인적으로 관심을 두도록 유도했을 때 무슨 일이 생길지 검증할 수 있는 것이다. 우리의 개념을 가장 잘 검증하기 위해서는 특정 집단과의 연관성을 개인적으로 강하게 경험한 사람과 그렇지 않은 사람들을 비교해야 했다. 일반적으로 말해, 이전에는 익숙하지 않았던 집단에 유대감을 형성하도록 유도하는 일이, 강한 유대감을 느끼는 집단에 무관심하게 만드는 일보다 훨씬 쉽다. 심리학자들은 사람들이 자신의 정체성을 다른 집단과 연결 지을 수 있도록 유도하는 연구 보조수단에 다양하게 개입한다. 이러한 개입 중 하나가 '관점채용Perspective taking'으로, 공감과 동일시의 느낌을 만들어낼 수 있다고 잘 알려진 방법이다. 관점채용은 타인의 관점에서 상황을 이해하려고 적극적으로 노력하는 것을 의미한다. 이러한 관점채용은 상황에 따라서 다른 집단과의 관계를 증진하고 고정관념을 감소시킨다.[4] 우리 연구에서는 참가자들에게 베닌에서 일어난 사건에 대한 기사를 읽게 될 것이라고 알리고 참가자 절반에게만 관점채용을 지시했다. 특히, 참가자들에게 먼저 잠깐 동안 베닌 국민의 관점을 가지려고 노력하고 자신이 베닌에서 태어나고 자랐다고 상상해 보라고 요청했다. 그리고 기사를 읽는 동안 계속 그러한 관점을 유지하라고 요청했다. 참가자의 나머지 반이 대조군을 구성했다. 이들에게는 관점채용에 관한 지시 대신 기사를 가능한 한 객관적으로 읽으라고 요청했다.

뒤이어 참가자들이 읽은 기사는 베닌의 야당 대표에 관한 내용이었는데 이 사람은 여론조사에서 우호적인 결과를 얻어 다가오는 선거에서 승리할 가능성이 높았다. 그 후 이 야당 대표가 끔찍한 차 사고를 당했다고 알렸다. 이제 연구진은 참가자에게 두 개의 서로 다른 신문기사 중 하나를 제공했는데, 각 기사에서는 베닌 국민의 관점에서 이 사건이 얼마나 위협적인지의 정도가 다르게 설정되었다. 2장에서 언급한 비례성 편향에 영감을 받아 연구진은 차 사고의 결과를 다르게 설정했다. 참가자의 반은 야당 대표가 차 사고로 사망해 추후 발표가 있을 때까지 선거가 연기된다(큰 결과)는 기사를 읽었다. 나머지 절반은 야당 대표가 차 사고에서 기적적으로 살아남았으며 타박상을 좀 입었을 뿐이라고 쓴 기사를 읽었다. 후자에서는 선거가 예정대로 진행될 것(작은 결과)이라고 전했다. 기사를 읽은 후에 참가자들에게 이 사건과 관련해 음모가 있었다고 믿는지 물었다. 이 사건이 실제로 조직적인 암살 시도였을까? 브레이크를 고의로 고장 낸 것은 아닐까? 베닌 현 정부가 이 사건의 배후일까?

추론하자면 이 같은 사건에서 야당 대표가 생존하지 않고 차 사고로 죽은 경우에 국민들은 훨씬 더 큰 정신적 고통을 겪을 것이다. 그러므로 연구진은 큰 결과(야당 대표의 사망)가 작은 결과(야당 대표의 생존)보다 더 강력한 음모론으로 이어질 것이라고 예상했다. 연구결과는 예상대로였지만 특정 조건에서만 그랬다. 베닌 국민들의 관점을 채용한 참가자들만 이런 비례성 편향을 보여주었고 야당 대표가 죽은 경우에 특히 강력하게 음모론을 믿었다. 기사를 읽는 동안 객관성을 유지해달라는 요청을 받은 참가자들은 야당 대표가 죽은 경우에도 살아남은 경우와 비교했을 때 음모론을 더 강하게 믿지 않았다. 분명 예전에 잘 알지 못하던 집단에 자신의 정체성을 연결 짓는 경우 그 집단이 위협에 처해있다는 정보에 대한 반응으로 음모론을 더 믿게 되었다.

후속 연구에서는 왜 이런 효과가 나타나는지 검증했다.

이번에는 참가자들에게 식중독으로 사망한 부룬디의 정치 운동가에 관한 다른 가짜 뉴스 기사를 제공했다. 연구결과에 따르면 부룬디 국민의 관점을 채용하는 경우 이 사건을 이해하고자 하는 바람이 커졌다. 참가자들은 더 걱정하고, 고심하고, 감정적으로 개입하고, 사건을 철저히 조사해야 한다는 강한 열망이 생겼다고 답했다. 이렇게 상황을 이해하고자 하는 열망이 커지면 음모에 대한 믿음이 증가하는 것으로 예측된다. 즉, 정치운동가가 음모에 의해 식중독으로 사망했다는 음모론을 더 강하게 믿게 된다. 종합하면, 자신의 정체성을 특정 집단에 더 강하게 연결 지을수록 집단 구성원이 희생당했을 때 이러한 사건을 이해하고자 하는 열망이 강해지는데, 이것이 음모론이 생겨나는 토대이다.

자신의 정체성을 집단과 연결 짓는 것이 도덕의 문제에서는 양날의 검이다. 한편으로는 집단과 자신을 동일시하는 것이 여러 친사회적인 결과를 낳는다. 이는 집단 구성원을 돕고, 집단을 대신해 희생하고, 단기적인 개인의 이익보다 장기적인 집단 이익의 관점에서 행동하도록 촉진한다. 자신을 사회집단과 동일시하지 않으면 사람들은 자신과 자기 가족만을 보살핀다. 또한 '건강한' 형태의 동일시도 있는데 이 경우에는 다른 집단을 꼭 부정적으로 인식하지 않을 수도 있다. 그러나 다른 한편으로는 개인이 집단과 자신을 강하게 동일시하면 다소 치명적인 형태를 띠게 될 수도 있다. 자기 집단이 타 집단보다 우월하다고 느낄 때 특히 그러한데, 사람들은 가끔 집단 자아도취, 즉 자기 집단의 우월성에 대해 과장된 믿음을 보이는 수준까지 자기 집단에 대해 자부심을 느낄 수도 있다. 국수주의 운동은 자기 나라가 '지구상에서 가장 위대한 국가'라고 주장하며 종종 내집단의 우월성을 전파한다. 이러한 집단 자아도취는 해로울 수 있다. 자신의 집단이 우월하다는 믿음은 타 집단은 열등하다는 믿음을 내포하기 때문이다. 이러한 열등함에 대한 인식에는, 타 집단이 도덕적으로 열등하기 때문에 음모를 꾸며 '위대한' 내집단을 해칠지 모른다는 믿음이 포함될 수 있다.

폴란드에서 이루어진 집단 자아도취 연구에서 두 연구자는 폴란드의 위대함에 대한 믿음과 유대인 지역사회에 대한 사람들의 인식 사이에 어떠한 관계가 있는지 살펴보았다.[5] 연구자들은 폴란드의 우월함에 대한 믿음이 반유대주의의 예측인자인지에 특히 관심이 있었다. 역사 전반에 걸쳐 반유대주의는 널리 퍼져 있고 지금도 세계 여러 곳에 만연하다. 반유대주의는 유대인에 관한 음모론과 밀접한 관련이 있다. 유대인에 관한 음모론의 흔한 예로는 세계 각지의 유대인들이 세상을 지배하려는 음모를 꾸미고 있다던가, 유대인들은 습관처럼 비밀리에 음모를 꾸며 온갖 사악한 목표를 이루려 한다는 것 등이 있는데, 이러한 음모론은 제2차 세계대전 이전과 전쟁 중에 히틀러가 퍼뜨린 내용이다. 이 연구결과에 따르면 폴란드가 끊임없이 타 집단의 위협 하에 놓여있다는 믿음뿐 아니라 폴란드의 우월성에 대한 믿음이 이런 유대인 음모론의 강한 예측인자였다. 이러한 음모론과 그로 인한 위협에 대한 인식이 반유대주의로 이어졌다.

요약해보면, 자신의 정체성을 집단과 연결 지으면 그 집단 구성원이 희생당했을 때 음모론이 생겨나며, 나아가 자신의 집단을 우월하다고 인식하면 도덕적으로 열등하다고 여겨지는 타 집단에 대한 음모론이 생겨난다. 이러한 견해는 음모론의 사회적 뿌리가 어디에 있는지를 강조한다. 역설적이게도 이는 음모론이 종종 친사회적 동기로 인해 생겨난다는 것을 함축한다. 즉 음모론은 타 집단 구성원이나 먼 곳에서 일어난 사건의 희생자를 걱정하는 마음에서 생겨난다. 단, 자신과 이러한 집단의 관련성을 인식하는 경우에만 해당한다. 따라서 음모론은 사회적 경보 신호에 의한 결과일지도 모른다. 의심스럽다는 느낌이 자신의 지역사회가 위협받고 있거나 적대적 외집단에 의해 속고 있다는 신호를 보내는 것이다. 그러나 친사회적 동기가 언제나 친사회적 결과를 낳는 것은 아니다. 타 집단에 대한 음모론이 잘못될 경우, 무고한 사람들을 비난하거나 심지어 해할 수도 있다. 이 사람들은 그저 운이 나빠 음모를 꾸몄다는 의심을 샀을 뿐이다.

외집단의 위협

———

음모론의 사회적 뿌리에 대한 두 번째 주장에서는 외집단의 위협을 받는다는 인식이 음모론 형성에 중요하다고 말한다. 이는 모든 타 집단에 대해 무차별적으로 음모론이 형성되지는 않는다는 의미이다. 다시 말해 자신의 지역사회에 위협이 된다고 여겨지는 집단만이 음모론의 대상이 된다. 다른 무엇보다 이 사실로 인해 정치인들이 자주 음모론의 목표가 된다. 단순히 사람들이 광범위하게 모든 부류의 정치인을 불신해서가 아니다. 정치인들은 권력을 가졌고 많은 이의 삶에 영향을 미치는 의사결정을 한다. 외집단이 위협적이라고 생각하기에 딱 맞는 조건이다. 나와는 다른 집단이 권력을 지닌 데다 신뢰할 수도 없다. 이것이 단초가 되어 이러한 집단이 음모를 꾸며 실제 해를 가하고 있다고 가정하게 된다. 여러 음모론의 주범으로 지목되고 있는 미국 정부의 경우에도 같은 주장이 적용된다. 미국 정부를 기본적으로 불신한다면 위협을 받는다고 느끼기 쉽다. 사실 미국 정부는 강한 데다 큰 피해를 끼칠 수 있다. 실제로 연구에 따르면 사람들은 강력하다고 생각되는 타 집단에 관한 음모론을 특히 더 많이 만들어내는 것으로 나타났다.[6]

인도네시아에서 이루어진 일련의 연구는, 개인의 정체성을 내집단에 연결 짓는 것과 외집단의 위협에 대한 인식이 결합하면 음모론이 만들어질 수 있음을 잘 보여준다.[7] 이 연구는 인도네시아 국민들이 자국의 테러문제를 어떻게 인식하는지를 두고 조사가 이루어졌다. 지난 수십 년간 인도네시아는 다양한 테러 공격을 받아왔는데, 그중 잘 알려진 것이 2002년과 2005년 두 차례에 걸친 '발리 폭탄 테러'이다. 이 테러는 주로 해외 관광객을 목표로 한 것이지만 그동안 다른 테러 공격들은 인도네시아 시민이나 경찰에 집중되었다. 지속적인 테러 공격으로 인한 고통은 인도네시아 국민들 사이에서 공포와 불안의 원천이므로 이런 사건들이 음모론을 증폭시킬 가능성이 높다.

이 연구에서 연구진은 인도네시아 국민들이 다음의 음모론을 어떻게 생각하는지 조사했다. '자국 내 테러범들이 서구인과 공모한 것이 사실일까?' 이 음모론에서는 이슬람 지역사회를 희생자 집단으로 묘사하고 서구를 가해자 집단으로 묘사한다. (사실 이슬람 지역사회는 피해자인 동시에 공격에 대한 책임이 있고, 서구는 실제로 공격의 배후이다.) 연구진은 첫 번째 연구에서 참가자들이 자신을 얼마나 무슬림과 동일시하는지 물었다. 자신의 정체성을 희생자 집단에 어느 정도로 연결 짓는지 평가하기 위해서였다. 또한 서구세계가 무슬림들에게 얼마나 위협적인지 평가하도록 했다. '미래에도 서방은 계속 이슬람 정체성을 위협할 것이다.' 같은 설문 항목이 포함되어 있었다. 마지막으로는 서구세계가 테러 공격의 배후라는 설에 대해 어떻게 생각하는지 물었다. 연구결과에 따르면 집단 간 갈등의 두 가지 요소 모두가 음모론 형성에 중요한 것으로 나타났다. 다시 말해 자신을 무슬림과 동일시하는 사람들은 음모론을 믿는다고 예측할 수 있지만 이는 서구세계에 위협을 느낀다고 응답한 참가자에게만 해당하였다.

이러한 결과가 기대감을 주기는 하지만, 동시에 이러한 결과들이 상관관계일 뿐이라는 점에서 한계가 있다. 상관관계는 인과관계를 보여주지는 않는다. 서구에 대한 음모론을 믿고 있기 때문에 서구가 무슬림을 위협한다고 느끼게 되었을 수도 있다. 인과관계를 검증하는 한 가지 방법은 참가자들 일부는 서구를 위협적으로 묘사한 정보를 접하게 하고, 다른 일부는 서구가 위협적이지 않다는 정보를 접하게 해서 연구를 진행하는 것이다. 따라서 같은 연구진이 인도네시아에서 이러한 실험을 다시 수행했다.[8] 참가자 절반에게는 지난 수십 년간 무슬림에 대한 서구세계의 위협이 얼마나 증가했는지(높은 수준의 외집단 위협)에 관한 신문 기사를 읽게 하고, 나머지 반에게는 지난 수십 년간 이 위협이 얼마나 줄어들었는지(낮은 수준의 외집단 위협)를 다룬 기사를 읽게 했다. 연구진은 외집단의 위협을 의식하도록 유도하는 것 외에도 참가자 절반에게 그들의 무슬림 정체성을 상기시켰다. 이 참가자들에게는 무슬림으로서 자신의 정체성의 본질과 중요성에 대한 짧은 글을 쓰도록 하고, 다른 절반에게는 일상의 활동에 관한 좀 더 중립적인 글을 쓰도록 했다. 결과에 의하면, 외집단 위협이 낮은 수준일 때보다 높은 수준일 때 인도네시아 국내 테러의 서구 배후설을 더 강하게 지지한 것으로 나타났다. 그러나 이런 효과는 자신의 무슬림 정체성에 대한 글을 쓴 참가자들에게만 나타났다. 다시 말해 서구를 위협적으로 묘사한 경우에 음모론에 대한 믿음이 커졌지만 이는 자신의 무슬림 정체성을 상기시킨 인도네시아인에게만 나타났다. 이러한 결과는 음모론의 사회적 뿌리를 더욱 강조한다. 자신과 자신이 속한 지역사회를 강하게 동일시하고 타 집단이 위협이 된다는 인식이 결합하면 사람들은 음모론에 취약해진다.

소수 집단

    ———

'에이즈 바이러스는 아프리카계 미국인 지역사회를 제거하기 위해 실험실에서 탄생했다.' 이는 아프리카계 미국인들 사이에 널리 퍼진 음모론 중의 하나로 다수파인 백인이 흑인을 해치거나 죽이려 한다는 전형적인 음모를 포함하고 있다. 다른 예로는 다수파인 백인이 흑인 인구를 제한하기 위해 전략적으로 피임법을 활용하고 있다는 음모론이다. 터무니없이 들릴 수도 있지만 무작위로 선발한 아프리카계 미국인 500명을 대상으로 한 조사에서 상당수가 이와 비슷한 음모론을 믿는 것으로 나타났다.[9] 예를 들면, 조사대상자의 37.4%가 '의료기관과 공중보건 기관들이 빈곤층과 소수민을 실험실의 쥐로 활용해 새 피임법을 시험하고 있다'는 문구에 동의했다. 마찬가지로 24.8%는 '빈곤층과 소수민 여성들은 종종 정부에 의해 불임시술을 강요받는다'에 동의했다. 이러한 음모론이 문제를 일으킬 수 있다는 결과가 나왔다. 음모론을 믿는 사람은 피임에 대해 부정적 태도를 보이는 것으로 예측된 것이다. 피임법의 안전성에 관한 음모론 같은 피임과 관련한 음모론은 심지어

남성들 사이에 피임법 사용 감소를 불러올 수 있다. 그러므로 이런 음모론은 원치 않는 임신과 성병의 위험을 증가시킨다.

음모론이 사회적 뿌리를 갖고 있다는 주요 주장에 비추어 볼 때 사회적 소수 집단은 흥미로운 사례를 제공한다. 심리학의 공통적 견해에 따르면 소수 집단은 사회 내에서 유대가 강한 하위집단이다. 다시 말하면 구성원들이 자신의 정체성을 자신의 집단과 강하게 연결 짓는 경향이 있다. 소속 집단은 구성원이 스스로를 어떻게 바라보는지에 있어 중요한 부분이고, 같은 소수 집단 내 구성원이 희생당하는 것을 보면 강한 반응을 보인다. 예를 들어, 백인 경찰이 총기를 소지하지 않은 흑인 용의자를 체포 도중에 사살한 여러 비극적 사건 이후에는 대규모 시위가 이어진다. 두 번째 견해는 소수 집단 구성원들이 다수 집단에 의해 위협받는다고 느낄 수 있는 타당한 이유가 있다는 점이다. 아프리카계 미국인들은 불평등한 기회, 편견, 차별, 가난 등과 같은 실질적인 문제들과 자주 맞닥뜨린다. 여기에서도 집단과 강한 사회적 유대에 위협적이고 권력을 지닌 외집단이 더해진다. 그렇다면 이는 소수 집단 구성원들 사이에서 음모론이 만들어질 가능성과 관련해 어떤 결과를 암시할까?

한 연구에서 미국의 흑인 대학생과 백인 대학생을 대상으로 총 13가지 음모론에 대한 믿음 여부를 비교했다. 음모론은 미국 정부가 고의적이고 선택적으로 아프리카계 미국인들을 해친다는 내용이었다.[10] 구체적인 예로 정부가 흑인 거주지역에서 마약이 유통되도록 종용한다거나, 정부가 흑인 노숙자 비율을 고의로 높인다거나, 정부가 의도적으로 백인 남성보다 흑인 남성에게 사형선고를 더 많이 한다는 것들이 있다. 이 연구에 따르면 백인 참가자보다 흑인 참가자들이 이 모든 음모론을 압도적으로 더 많이 믿는 것으로 나타났다. 게다가 이런 음모론을 믿는 것은 어느 정도는 아프리카계 미국인 지역사회가 당면한 실제 문제들로 인한 것이었다. 특히 참가자들이 자신들의 실제 문제를 편견과 차별 탓으로 강하게 돌리면 돌릴수록 이런 음모론을 더 믿는 것으로 나타났다. 또한 이들이 원인을 전가한 많은 내용이 정당화될 수 있다는 점에 주목하자. 소수 집단에 대한 편견과 차별은 매우 흔하며 실업, 가난, 범죄 같은 실제 문제의 원인이 된다. 그러나 이러한 삶의 부정적인 환경이 왜 만들어졌는지를 이해하고자 할 때, 현실적인 문제를 설명하기 위해 비현실적인 음모론을 끌어들일 수 있다.

　이러한 연구결과는 어떤 사회 내 하위집단끼리의 갈등관계가 어떻게 음모론을 양산하는 토양이 될 수 있는지를 강조한다. 인종 간 대립 또는 민족이나 종교적 하위집단 간의 갈등은 집단 간 갈등이라는 특징을 통해 음모론을 만들어 낼 가능성이 높다. 특히 자신의 정체성을 집단과 강하게 연결하는 상황에서 타 집단을 위협으로 인식하게 되면 음모론이 만들어질 가능성은 더 높아진다. 이런 갈등에 연루된 모든 집단이 어느 정도까지는 타 집단에 관한 음모론을 믿을 수 있지만, 소수 집단에 관한 연구에 따르면 특히 취약한 위치에 있거나 실제적인 문제로 고통받는 집단은 음모론을 지지할 확률이 높다. 결국 이들 집단은 외집단이 위협적이라는 인식을 하게 될 이유가 상대적으로 더 많기 때문에 다른 집단의 행위를 적대적 음모에 의한 것으로 생각하는 경향이 높아지게 된다.

맺으며

———

음모론이 만들어지는 데에는 분명 사회적 차원의 원인이 있다. 본질적으로 음모자는 적대적인 외집단이며 대부분의 음모론은 이러한 음모가 어떻게 더 많은 사람들을 해치거나 속이는지 구체적으로 설명한다. 이번 장에서 우리는 집단 간 갈등의 두 가지 요소가 음모론을 예측하는 좋은 지표라는 것을 알게 되었다. 의심스럽거나 위협적인 사건의 피해자를 가깝게 느낄수록, 사람들이 이 사건을 음모론을 통해 설명할 가능성도 높아진다. 또한 타 집단에 의해 강한 위협을 느낄수록 그 집단이 음모를 꾸미고 있다고 비난할 가능성도 높아진다. 음모론은 세상을 '우리'와 '그들'로 구분하려는 인간의 자연스러운 성향의 결과이며, 외부의 위협으로부터 자신이 속한 집단을 보호하려는 노력의 일환으로 자신과 다른 외집단의 은밀한 행동 탓이라고 사건의 책임을 전가하게 된다.

05

음모론과 이념

2016년은 포퓰리즘의 해였다. 우파 포퓰리즘 정당인 영국 독립당UKIP의 강력한 영향을 받아 영국은 국민투표로 유럽연합을 탈퇴한다는 브렉시트를 결정했다. 나아가, 미국은 도널드 트럼프를 미국의 45대 대통령으로 선출했다. 이두 가지 포퓰리즘 운동은 일련의 음모론으로 특징지을 수 있다. 영국의 연구자들은 특히 '탈퇴'를 주장하는 측에서 선거 기간 동안 음모론을 더 지지했다는 점에 주목했다. 국민투표를 며칠 앞두고 이루어진 여론조사에서는 독립당을 지지하는 유권자 64%가 투표결과가 조작될 것이라고 응답했고 '탈퇴'측 유권자의 1/3은 영국 군사정보총국M15이 정부와 결탁하여 브렉시트를 막을 것이라고 믿는다고 나타났다.[1] 이와 비슷하게 도널드 트럼프는 선거유세 동안 연이어 음모론을 퍼뜨리고 선거결과가 조작될 것이라고 주장했다. 실제로 자신이 선거인단 투표에서 이기고 난 후에도 민주당이 반칙을 써서 인기투표에서 이긴 것이라는 주장을 계속했다. 더 나아가, 트럼프는 지구 온난화란 "중국인들이 지어낸 가짜 뉴스"라고 주장하고, 오바마가 미국에서 태어나지 않았기 때문에 미국 대통령으로 선출되어서는 안 되는 것이었다는 주장을 반복하였다. 기회가 있을 때마다 "클린턴 재단은 정치사에서 가장 부패한 기업이다"라며 힐러리 클린턴이 음모의 일부라고 지적하고, 백신이 자폐증을 일으킨다는 등의 주장을 펼쳤다. 이 포퓰리즘 운동이 대선 승리로 이어지는 데에 음모론이 영향을 미치지 않았다기보다는 대중이 음모론을 믿은 결과 대선에 승리했다고 보는 편이 타당하다.

브렉시트와 트럼프의 승리 이후, 내가 동료들에게 음모론이 우파에서 만연하다고 말하면 이 말에 반대하는 사람은 거의 없었다. 그러나 실제로는 좌파에서도 음모론은 흔하다. 미국 민주당도 수많은 음모론, 예컨대 트럼프가 선거에서 승리하기 위해 러시아 대통령 푸틴과 위키리크스와 공모했다는 음모론을 주장했다. 유럽연합의 연구를 살펴보면 정치적 좌파도 비록 우파와 주제는 다르지만 음모론을 만들어낸다는 것을 알 수 있다. 유럽연합 좌파의 음모론에는 이라크전 같은 전쟁, 대기업, 미국 정부에 관한 것 등이 있다. 반면 우파는 기후변화 같은 과학, 이민, 테러, 그밖에 정치적 우파가 흔히 의심하는 주제들에 관련된 것이 많았다. 또한 두 파가 공통으로 가지고 있는 음모론 주제도 많은데, 정치인에 관한 것이나 지역정책에서 유럽연합의 역할과 관련된 내용이다.

정치이념의 좌파와 우파 사이에 아무런 심리학적 차이가 없다고 말하려는 것은 아니다. 여러 정치심리학 연구를 살펴보면 현재 학계 내에서는 정설이 된, 좌파와 우파의 주목할 만한 여러 심리학적 차이점을 발견할 수 있다. 예를 들면 정치적 우파는 정치적 좌파보다 권위적인 경향이 있다. 이는 우파가 규칙을 준수하고 규범에 반하는 외부인을 싫어하는 경향에서 나타나듯이 질서에 대한 열망이 더 강하다는 것을 보여준다. 또한 우파는 '사회 지배성향'이라고 불리는 변수에서 더 높은 점수를 나타냈는데, 이는 집단 간의 불평등을 기꺼이 수긍하는 성향을 일컫는다.[2] 그러나 이러한 좌파와 우파 간 차이 외에 정치적 극단주의와 온건 주의에도 의미 있는 정치심리학적 차이가 존재한다. 여러 모로 극우와 극좌는 서로 매우 닮았고 정치적으로 온건한 사람들과는 차이가 있다.

예를 들자면, 좌우를 막론하고 정치적 극단주의는 자신 들의 정치적 신념에 대해 자신감을 느끼는 경향이 있지만 불확실한 미래에 대해 비관적인 전망을 갖는다는 공통점 이 있다. 한 연구에 따르면 정치적 극단주의자들은 온건주 의자들보다 미래 경제 상황을 더 불확실하다고 느끼는 것 으로 나타났다. 일례로 그들은 노후 연금이 부족할 것이라 고 우려하거나 머지않아 서구 경제가 지금보다 훨씬 더 어 려워질 것이라고 걱정했다. 또한 온건파와 비교할 때, 정치 적 극단주의자들은 자신들과 다르다고 인식하는 집단을 더 참지 못하는 경향을 보였다. 예컨대 극좌파는 은행가, 백만장자, 군인을, 극우파는 무슬림, 동성연애자, 과학자를 경멸하는 경향이 있었다. 또 다른 연구에 따르면 다른 집단 을 참지 못하는 것 외에도 극우 극좌 양극단에 속하는 사람들은 자신과 의견이 다른 사람들을 더 참지 못하며 '정치적 문제에 관해 나와 다르게 생각하는 사람들은 나보다 가치가 낮다' 또는 '정치적 문제에 관해 사람들이 나와 다르게 생각하는 것을 보면 두렵다'라는 문항에 더 동의하는 것으로 나타났다.[3]

　　현대 민주주의에서 정치적 극단주의는 흔히 의회에서 포퓰리즘의 형태로 나타난다. 그런 의미에서 저명한 정치심리학자들마저 포퓰리즘이라는 단어를 우파와 같은 것으로 말하는 것은 주목할 만한 일이다. 이러한 말에서는 우파의 이념을 포퓰리즘의 특징들로 규정할 수 있다고 가정한다. 사실, 포퓰리즘은 이념이 아니라 정치를 '대중'과 '엘리트' 사이의 투쟁으로 간주하는 사고방식이다.[4] 이와 같이 포퓰리즘은 양극단에서 가장 흔하기는 하지만 모든 정치영역에서 두루 생겨날 수 있다. 포퓰리즘 정당은 본질적으로 자신들이 국민을 대변한다는 것을 전제로 한다. 이러한 국민중심주의의 기저에 놓여 있는 관점에는 반엘리트주의(포퓰리즘 정당은 전형적으로 정치 엘리트, 그리고 과학자, 기업대표, 또는 은행가 같은 사회의 엘리트 집단에 대한 반감을 갖는다), 반다원주의(포퓰리즘 정당은 자신들이 국민의 진정한 목소리를 대변

한다고 가정하므로 중도 정당보다 반대의견을 덜 받아들인다), 국가주의에 대한 위협(포퓰리즘 정당은 현재 나라가 잘못된 방향으로 가고 있다는 생각과 더불어 국가에 대한 자부심을 전파한다) 같은 것들이 있다.

미국의 경우, 이러한 포퓰리즘은 '월가를 점령하자' 운동으로 대표되는 좌파 진영에도 물론 존재하지만 '티파티와 트럼프'로 대표되는 우파 진영에서 더 자주 나타난다. 마찬가지로 유럽연합에도 많은 좌파 포퓰리즘 운동이 있지만 서유럽의 우파 진영에서 더 흔하게 나타나는 것으로 보인다. 유럽연합의 우파 포퓰리즘 정당으로는 영국의 독립당, 프랑스의 국민연합당, 네덜란드의 네덜란드 자유당 PVV, 독일의 독일을 위한 대안당AfD이 있다. 유럽연합의 좌파 정당으로는 스페인의 포데모스, 그리스의 급진좌파연합, 독일의 좌파당, 네덜란드의 사회당이 있다. 그러나 라틴아메리카 대다수 지역에서는 포퓰리즘이 정치적 좌파에서 더 흔하며 대표적인 예로 베네수엘라의 우고 차베스를 들 수 있다. (사후에 니콜라스 마두로가 승계했다.) 강력한 좌파 포퓰리즘 운동의 다른 예로는 에콰도르, 볼리비아, 브라질을 들 수 있다.

극단주의나 포퓰리즘이 우파 또는 좌파에서 나라별로 다르게 나타나는 현상을 보이는 이유는 아직 확실치 않다. 각기 다른 문화와 사회경제적 상황의 차이가 결합하여 각 국민들이 각기 다른 위협을 우려하기 때문이라는 설명이 그나마 개연성 있다. 예를 들면 북유럽 국가들에서 우파 포 퓰리즘이 우세한 이유는 국가의 부로 인해 북유럽 국가들 이 이민자들에게 매력적인 후보이기 때문이라는 주장이 있다. 이와 관련하여 좌파 포퓰리즘 운동은 상대적으로 남 유럽에서 성공적인데, 이들 국가가 더 실질적인 경제문제 에 직면해 있고 다른 유럽연합 국가들보다 긴축정책으로 더 고통받고 있기 때문이다.[5]

이번 장에서 말하려는 것은 음모론이 극단주의나 포퓰 리즘을 지지하는 사람들 사이에서 더 발생하는 경향이 있 고 그러한 극단주의는 좌우 성향을 막론하고 발생할 수 있 다는 점이다. 극단주의적 믿음에 깔린 심리학적 특징들은 음모론이 발생할 수 있는 매우 좋은 토양을 제공한다. 더구 나 극단적 이념은 국수주의로 흐르는 경향이 있으며 우리 는 이미 4장에서 국수주의적 감정이 음모론을 악화시킨다 는 것을 살펴본 바 있다. 마지막으로, 극단주의자들은 온건주의자보다 자신들의 경제적 미래가 더 불확실하다고 느낀다. 그러므로 극단주의와 포퓰리즘 리더들이 명료함으로 인해 일부 대중에 큰 호소력을 갖는 것은 우연이 아니다. 포퓰리즘 정치가는 귀에 쏙 들어오는 한 줄짜리 구호를 사용하며 그런 이유로 '사실을 있는 그대로 말한다'며 찬사를 받는다. 그러나 사실 그들이 제안하는 것은 한 나라가 당면한, 상대적으로 복잡한 문제들에 대한 단순한 해결책이다. 이런 이유로 포퓰리즘 리더를 지지하는 것은 명료함에 대한 열망에서 비롯된 것일 수 있다. 음모론 또한 그 명료함을 제공하는 역할을 한다. 결국 음모론은 복잡한 사건에 대한 종합적 설명이기 때문이다. 우리는 불확실한 상황에서 음모론이 어떻게 무성해지는지 이전 장에서 이미 살펴본 바 있다.

다음에서는, 극좌(공산주의)와 극우(파시즘) 진영의 비민주적이고 억압적인 극단 체제에서 음모론이 얼마나 흔한지 살펴보기로 한다. 그다음에는 포퓰리즘 좌파이며 급진 사회주의당에 투표한 사람들과 포퓰리즘 우파이며 반이민법 정당에 투표한 사람들, 즉 이념적으로 양극단에 있는 시민들이 특히 음모론을 더 잘 믿는지 검증했다. 마지막으로,

종교적 근본주의자, 정치적 극단주의자, 혹은 기타 이념적 극단주의 집단에 특별히 초점을 맞추어 사회 비주류이자 일부는 폭력적인 극단주의 집단 구성원들 사이의 음모론을 살펴볼 것이다.

극단주의 체제에서의 음모론
——

쿠바는 엄격한 공산주의 지배하에 있으며 세계에서 가장 억압적인 체제에 속한다. 나는 2009년에 쿠바를 몇 주간 여행할 기회가 있었다. 쿠바 여행은 일생을 통틀어 가장 흥미롭고 보람 있는 경험 중 하나였는데, 한편에서 볼 수 있는 아름다운 풍경과 대비되는 나라 전체에 만연한 가난에 충격을 받았다. 언뜻 보기에 사람들은 노래와 음악과 춤을 즐기며 명랑해 보였지만 조금만 안으로 들어가 보면 정권이 국민들의 삶에 과도한 통제를 행사하고 있음을 느낄 수 있었다. 예를 들면, 쿠바 국민들은 자국의 정치 상황에 관해 말하는 것을 매우 꺼렸는데 정권에 대해 자신의 의견을 말했다가 생길지도 모르는 문제를 의식하고 있다는 것을 알 수 있었다. 수도 아바나에서 혁명박물관을 방문했는데 그곳에 다음과 같은 글귀가 역사적 사실로 적혀 있었다.

미국 CIA의 세균 공격으로 인해 우리나라에 뎅기열 바이러스가 전파되었다. 344,203명의 환자가 발생하여 116,151명이 입원 치료를 받았고 성인 57명, 어린이 101명이 사망하였다.

뎅기열은 실제로 무서운 감염성 질병이지만 열대기후에 속한 나라에서는 매우 흔한 병이다. 뎅기열은 카리브해 연안의 모든 나라, 중앙 및 남아메리카 대부분, 아프리카, 인도, 동남아 지역에서 두루 발생한다. 현재 뎅기열은 전 세계 110여 개국에서 발병하고 있다.

쿠바의 기후 자체가 뎅기열 바이러스를 옮기는 모기를 유인하기 때문에 미국 CIA가 굳이 뎅기열 바이러스를 쿠바에 전파할 필요가 없었을 것이다. 그러나 1981년 피델 카스트로는 미국이 쿠바에 뎅기열을 퍼뜨렸다고 공식적으로 비난했으며 박물관에 쓰인 글귀가 말해주듯이 쿠바 관계당국은 2009년까지도 여전히 자국의 뎅기열 발병을 그

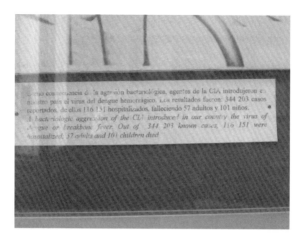

2009년 쿠바 수도 아바나 혁명박물관에서 찍은 사진

들의 주主적인 미국의 음모라고 비난하고 있다. (문장 자체
에서도 인정하는 것처럼 뎅기열이 바이러스에 의한 질병임을 감안
할 때 박물관 측에서 왜 '세균' 공격이라는 말을 썼는지는 분명하지
않다.)

　그러한 음모론이 극단주의 정권이 지배하는 나라 안에
서 공식적으로 전파되는 것이 우연일까? 먼저 억압적인 극
단주의 정권하에 있는 나라에서는 사회심리학 연구를 수
행하기가 어렵다는 말로 시작하려 한다. 연구자들이 시민
을 인터뷰할 기회를 얻었다 하더라도 정권이 듣고 싶어 하

는 답변 대신 시민들의 진정한 믿음을 반영하는 답을 끌어낼 수 있는지는 매우 의심스럽다. 그러나 우리는 극단주의 정권과 이러한 정권 내에서 음모론의 역할에 대해 역사적인 자료를 통해 많이 알고 있다. 이러한 자료를 통해 알게 된 핵심적인 내용은 지배권력 내 극단 좌파인 공산주의와 극단 우파인 파시즘 모두에서 음모론이 매우 흔하다는 것이다. 흔히 이러한 정권의 리더들은 자신의 명분에 대한 지지를 얻기 위해 반대 집단이나 이념에 관한 음모론을 퍼뜨린다. 나아가 이러한 정권은 사람들이 모의를 꾸밀까 두려워하기 때문에 시민들을 끊임없이 감시하고 적국이나 반대 이념과 관련이 있는 사람들을 박해한다.[6]

1930년대와 1940년대 초, 아돌프 히틀러는 여러 연설을 통해 수없이 유대인에 대한 증오심을 표현하였다. 또한 저서 『나의 투쟁 Mein Kampf』을 통해서도 자신이 반유대주의 이념을 갖게 된 이유를 많은 지면을 할애하여 치밀하게 밝히고 있다. 그렇다면 히틀러가 유대인을 그렇게 증오한 이유는 무엇일까? 히틀러의 주장을 자세히 살펴보면 그가 유대인에 대한 음모론을 투철하게 믿었다는 점에서 답의 일부를 찾을 수 있을 것 같다. 히틀러는 제2차 세계대전에서 독일이 패배하고 뒤이어 경제 몰락이 나타난 원인을 유대인의 음모론 탓으로 돌렸다. 또한 공산주의와 자본주의 모두가 세계를 지배하려고 유대인이 음모를 꾸민 결과라고 믿었다. 히틀러의 음모론이 엄청난 비극적 결과를 초래했다는 점에는 논란의 여지가 없다. 유대인에 대한 히틀러의 음모론은 독일 국민에게 자국의 문제에 대한 편리한 희생양을 제공했고 그로 인해 히틀러는 쉽게 권력을 쥘 수 있었다. 나아가 유대인을 공산주의와 연결 짓는 '유대-볼셰비즘'이라고 불리는 음모론은 유대인 대학살을 개시하게 했을 뿐 아니라 스탈린 치하의 소비에트 연합을 침략하게 만든 핵심 원인이기도 하다. 물론 공산주의가 만들어지는데 유대인의 음모 같은 것은 없다. 스탈린 자신도 유대인 음모론을 믿었고 유대인의 음모에 의해 나치주의가 탄생했다고 생각했다.

일단 권력을 잡으면 극단주의 정권은 으레 반대자를 억압하고 자유언론을 탄압한다. 이렇게 국민들 사이에 언론의 자유를 제한하는 주요 이유 중 하나는 음모에 대한 공포심이다. 정권의 반대자들은 국가를 해치는 것으로 간주되고 정권을 해치거나 전복시키기 위해 음모를 꾸민다고 누명을 썼다. 반대자들이 자신과 정부에 반하는 음모를 꾸미는 것이 두려워 수천 명을 처형하라고 스탈린이 명령한 것은 잘 알려진 사건이다. 마찬가지로 예전 동독에서도 소비에트 연방의 국가보안위원회KGB는 수천 명의 시민을 사찰했다. 감시활동을 할 동안 그들은 시민들이 정권에 대해 얼마나 비판적 의견을 지녔는지에 특히 관심이 있었는데, 이를 국가의 적이라는 지표로 여기고 이러한 시민들은 정권에 반하는 모의를 꾸밀 것으로 생각했다. 더 나아가 시민들이 '서방 제국주의자'들과 공모할 가능성에도 특히 주의를 기울였다. 서방과 조금이라도 관련이 있거나 서방에 동조하는 정치적 반대파와 관련이 있기만 해도 사람들은 큰 곤란에 처할 수 있었다. 여기서 핵심은 어떤 식으로든 정권의 권력을 약화시킬 수 있는 음모에 대한 두려움이다.

그리하여 음모론은 세계의 역대 억압적인 극단주의 정권에서 만연해왔고 지금도 그렇다. 그 정권의 국민 중 얼마나 많은 수가 음모론을 지지하는지를 파악하는 것은 어렵지만 극단주의 여당은 흔히 강도 높은 음모론을 내놓는다. 그들은 자신이 적대적이라고 여기는 나라, 이념, 혹은 사회집단에 대한 음모론을 널리 퍼트린다. 더 나아가 극단주의 정권은 끊임없이 국민을 의심하고 국가를 위태롭게 하는 음모를 꾸몄다는 혐의를 씌워 정적, 반대자, 일반 시민을 쉽게 기소한다.

음모론과 포퓰리즘

억압적인 정권의 국민들에게 음모론을 믿는가에 대한 설문지를 작성해 달라고 요청하기는 쉽지 않지만 누구나 비판할 자유가 있는 현재 민주주의 체제에서는 이러한 연구가 비교적 쉬운 편이다. 여기에 흥미로운 질문 하나가 있다. 현대 민주주의 정부의 국민 중 극단주의적 성향이 있는 사람들이 온건주의자보다 음모론을 더 믿을까? 이야기를 시작하기 전에 주의해야 할 것은, 유럽이나 미국 시민 중에 이념적으로 정치적 극단에 있는 사람들을 앞서 언급한 억압 정권과 동일시해서는 안 된다는 점이다. 나는 유럽연합의 반이민당을 '나치'로 부르고, 유럽연합의 사회주의 정당을 '공산주의자'로 부르는 사람들을 보면 마음이 편치않다. 이러한 말은 과잉 단순화이며, 중요한 역사적 차이를 고려하지 않고, 독재정권이 어느 정도로 걷잡을 수 없이 도덕적 몰락의 길을 걸었는지를 인식하지 못하는 말이다. 예컨대 나치가 독일 국경을 확대하자는 팽창주의를 주장했지만 현재의 반이민당은 주로 자국의 기존 국경을 더 잘 보호하고자 보호주의를 주장하고, 이 둘은 전쟁에 대해 분명히 다른 태도를 보이고 있다. 마찬가지로 현대 유럽연합의 사회주의 정당은 민주주의와 국민투표를 선호하며 이러한 점에서 억압적인 공산주의 정권과 극명한 대조를 이룬다. 이러한 차이가 있기는 하지만 이념과 음모론이 어떻게 연결되는지에 관해 이번 장에서 제시한 이론은 민주주의 국가에서의 포퓰리즘 운동에도 적용되어야 한다. 앞으로 나올 내용에서는 민주주의 체제와 비민주주의 정권을 비교하지 않는다. 그보다는 현대 민주주의 국가 내에서 포퓰리즘과 온건 진영을 비교하고, 포퓰리즘의 특성을 고려했을 때 포퓰리즘 진영과 온건 진영이 음모론에 있어 어떠한 상대적 차이를 보이는지 찾아야 한다고 제안한다.

정치적 극단주의와 음모론의 관계에 대한 첫 번째 연구는 미국의 정치학자 로날드 잉글하트Ronald Inglehart에 의해 이루어졌는데, 잉글하트는 여론조사기관 유로바로미터Eurobarometer의 1984년 보고서에서 독일, 이탈리아, 영국, 프랑스, 벨기에, 네덜란드, 총 6개국의 자료를 조사하였다.[7] 잉글하트는 특히 참가자들이 자국의 사법부를 얼마나 불신하는지와 참가자들의 정치적 성향을 좌에서 우로 1~10까지 10단계로 나눠 스스로 위치를 표시하도록 했다. 연구결과는 'U'자 곡선으로 나타났다. 다시 말하면 자신의 정치 성향을 극단주의로 표시하여 검사 스케일의 좌우 양 끝으로 향할수록 자국 사법부를 더 불신하는 것으로 나타났다. 정치적으로 중심에 위치한 참가자들이 사법부를 불신하지 않을 가능성이 가장 높았다. 잉글하트는 국가별 수준도 살펴보았는데 여섯 나라 중 다섯 나라가 'U'자 곡선에 해당하였다. (예외는 프랑스로, 정치적 우파가 좌파보다 사법부를 더 불신했다. 잉글하트는 이 이례적인 사례에 대해 1980년 초 프랑스에서는 급진좌파가 정권을 잡고 있어서 우파들이 사법부가 이념적으로 편향되었다고 인식한 것이 원인일 것이라고 설명했다.)

잉글하트의 연구결과에 영감을 받아 나 또한 정치학자 안드레이 크루웰André Krouwel과 심리학자 토마스 폴레Thomas Pollet와 함께 이념과 음모론의 관계에 관한 일련의 연구를 수행하였다. 잉글하트의 연구결과에서 한 가지 한

계는 음모론을 직접 평가하지 않았다는 점이다. 잉글하트가 음모론의 관계를 알아내기 위해 사용한 종속척도(변하지 않는 독립 척도에 따라 변화하는 기준으로 연구자가 알아내고 싶어 하는 기준-옮긴이 주)는 사법부에 대한 불신이었는데 사람들은 음모론과 전혀 관계없는 이유로도 사법부를 불신할 수 있다. 예를 들면 어떤 사람이 사법부가 무능하다고 믿거나 사법부가 그저 정의를 행하는 것에 무관심하다고 믿을 수도 있다. 이러한 믿음은 국민의 사법부에 대한 신뢰를 떨어뜨리지만 음모론이라고 할 수는 없다. 이러한 믿음에는 적대적이고 비밀스러운 연합이 있다는 생각은 포함되지 않았기 때문이다. 우리의 연구는 네덜란드 유권자를 대표 샘플로 하여 수행되었다. 연구진은 참가자들에게 일련의 음모론을 믿는지 질문하였는데, 정치가들이 조직범죄와 연루된 정도, 이라크전 발발에 있어서 정유회사들의 역할, 과학자들이 어떻게 고의로 기후변화를 과장하고 있는가와 같이 그 음모론 중 일부는 정치적으로 중립적이고, 일부는 정치적 좌파도 지지할 만하고, 일부는 우파가 더 지지할 것 같은 내용이었다. 우리의 연구결과도 잉글하트와 같이 'U'자 형태였다. 좌우를 막론하고 양극단에 자신을 표시한 참

가자들은 정치적 중앙이라고 표시한 참가자들보다 평균적으로 음모론을 더 믿는 것으로 나타났다.[8]

연구진은 미국에서도 연구를 수행했는데 경제위기에 관한 음모론에서도 'U'자 형태의 결과를 얻었다. 예컨대 대중은 알지 못하는 방식으로 정부가 경제위기로부터 이익을 챙겼다는 음모론 또는 경제위기가 은행가들과 부패한 정치인들의 음모에서 빚어졌다는 음모론에 관해 조사하였다. 더 나아가 기후변화의 위험을 의도적으로 과장하는 음모론에 대해서도 조사하였는데, 이러한 음모론은 대부분 (극)우파가 지지한다. 기후변화에 관해 우려하는 정도가 좌우 파에서 차이가 나기 때문에 이 결과는 일리가 있다. 우리가 더 관심을 가졌던 주제는 개인적 강박의 기준으로 한 믿음으로, 타인이 인식자 개인에게 악의를 가졌다거나 음모를 꾸민다는 믿음이었다. 이는 '가끔 누군가 나를 미행하는 것 같이 느낀다' 또는 '누군가 내 아이디어를 도용하여 그것으로 이득을 취하려 한다'와 같은 문항에 대한 참가자의 응답으로 측정하였다. 이러한 개인적 강박에서는 극단 진영과 온건 진영이 차이를 보이지 않았다. 명백히, 정치적으로 좌우 양극단에 있는 사람들은 온건한 사람들보다 더 음모론을 믿었으나 경제위기, 전쟁, 일반적인 정치인처럼 집단의 이익과 관련이 있는 주제에 관해서만 그러한 결과가 나타났다. 또한 극단 진영은 온건 진영보다 사람들이 자신에게 개인적으로 음모를 꾸민다고 생각하는 경향은 덜한 것으로 나타났다. 다시 말하면 정치적 극단에 속하는 사람들은 개인적인 삶에서 만나는 사람들에 관해서가 아니라, 사회적이고 정치적인 사건에 관하여 온건 진영보다 의심이 더 많은 것이다.

독일의 한 최근 연구에서도 온건파보다 포퓰리즘 좌파나 우파 사이에서 음모론이 더 무성한 것으로 나타났다.[9] 이 연구에서는 어떻게 정당 선호도로 '음모론적 사고방식'이라고 부르는 개인차 변수(어느 특정 결정이나 행동에 영향을 미치는 동기와 성격 등을 포함한 개인적 특성-옮긴이 주)를 예측할 수 있는지 살펴보았다. 음모론적 사고방식이란 세상의 음모론을 인식하는 전반적 성향을 나타내며, '정치적 결정에 큰 영향을 미치는 비밀조직들이 있다'와 같은 보편적인 음모론에 대한 피실험자들의 동의 여부를 기반으로 측정된다. 그 결과, 정치적 양극단에서 다시 한번 음모론적 사고방식이 최고치를 기록하였으며, 구체적으로는 독일 급진 사회주의 정당(포퓰리즘 좌파)의 지지자들과 독일 반이민주의자 정당(포퓰리즘 우파)의 지지자들이 음모론적 사고방식에서 최고점을 기록하였다. 주류 중도 정당에 투표한 사람들은 음모론적 사고방식에서 최저점을 기록하였다.

종합해보면 음모론은 현대 민주주의에서 구체적으로는 포퓰리즘 좌파와 우파 같은 정치적 양극단에서 특히 심하게 나타난다. 그러나 다른 나라의 경우와 관련해서는 이를 뒷받침할 증거가 더 필요하다. 예를 들면 라틴아메리카의 일부 나라처럼 좌파가 더 급진적인 곳에서는 비교적 좌파에서 음모론이 더 많고, 미국처럼 우파가 더 급진적인 나라에서는 우파에서 음모론이 더 많이 나온다. 나아가, 음모론은 해당 시점에 권력을 잡은 사람이 누구인가에 따라 영향을 받는다. 정치학자들은 정부에 관한 음모론이 여당에 투표한 유권자들보다 야당에 투표한 유권자들 사이에 더 많다는 사실에 주목하였다.[10] 이런 복잡성에도 불구하고 여러 증거는 민주주의 사회에서 음모론이 정치적으로 극단적 믿음을 가진 사람들 사이에서 특히 흔하다는 점을 시사한다.

비주류 극단주의 집단

———

앞서 언급된 여러 연구는 일반 시민을 대상으로 이루어졌으며 포퓰리즘 정당에 투표하는 사람들과 비교적 온건파 정당에 투표하는 사람들 사이에 음모론과 관련된 차이점을 발견했다. 그러나 여기서 논의된 포퓰리즘 정당들의 경우 국회 참석을 통해 민주적인 과정에 참여하고 상당수 일반 시민들의 지지를 얻고 있다. 그렇다면 훨씬 극단적이고, 종종 불법 행위를 하며, 때론 주먹까지 휘두르는 비주류 집단의 경우는 어떨까? 신 나치주의 또는 백인우월주의(극우) 지하 조직, 반세계화 운동 극단주의 또는 혁명 단체(극좌), 그리고 알카에다, 이슬람 국가(IS), 낙태반대 기독교 극단주의, 사이비 종교 등 종교적 극단주의 집단을 생각해보자. 사회에 존재하는 이러한 비주류 극단주의 집단 구성원 사이에서는 음모론이 얼마나 팽배할까? 또한, 이러한 집단 속에서 음모론의 역할은 무엇이며, 더 나아가 이들 구성원의 폭력성을 발현시키는 것이 음모론일까?

억압적인 극단주의 정권 같은 이러한 비주류 극단주의 집단의 구성원을 대상으로 표준심리 설문지를 이용해 실험하는 것은, 불가능은 아니더라도 매우 어려운 작업이다. 그 이유로는 첫째, 이러한 비주류 집단의 구성원을 찾아서 연구에 참여할 의사가 있는지 알아보아야 하는데, 그 일이 꽤 힘들다는 것은 이미 증명되어 있으며 범죄를 저질렀거나 폭력적인 성향이 있는 집단에서는 더 말할 것도 없다. 둘째, 설사 이러한 집단에서 기꺼이 연구에 참여하고자 하는 구성원 몇 명을 찾았다 하더라도 심리학 연구를 수행하는데 충분한 인원을 확보할 수 있을지는 의문이다. 이러한 연구는 양적 연구이며 설문지에 대한 참가자의 응답이 통계분석을 통해 분석된다. 이런 분석이 의미가 있으려면 샘플의 크기가 상당해야 한다. (정확한 샘플 크기는 조사대상 변수의 개수처럼 문제의 수와 기대되는 결과의 크기에 달렸지만 대충 어림잡아도 최소 200명은 필요하다.) 그러므로 이러한 비주류 집단을 연구할 때에는 양적 연구 방법은 적용하기 어렵다.

그러나 다양한 양적 연구 모두에서 이렇게 큰 샘플이 필요한 것은 아니다. 제이미 바틀렛Jamie Bartlett과 칼 밀러Carl Miller가 수행한 흥미로운 연구에서는 양적 연구방법을 통해 영국, 유럽, 미국의 50개 극단주의 비주류 집단을 분석했다.[11] 연구진은 특히 음모론이 각 집단의 공식 문서나 연설문 녹음에서 언급되었는지를 살펴보았다. 이 연구에는 알카에다, 하마스, 신의 군대, 예수의 어린양, 유대교 극단주의 집단 같은 종교집단과 인민사원 같은 사이비 종교집단도 포함되었다. 또한 아리안 네이션즈, KKK단, 영국 인민당 같은 극우파 집단을 비롯한 다양한 극우 민병대, 앵그리 브리게이드, 적군파, 반세계화 극단주의 같은 극좌파도 포함하였다. 그리고 좌우 진영논리로 분류할 수 없거나 근본주의 종교집단의 예로, 반기술문명 극단주의 집단, 1980년대 초 여러 컴퓨터 센터를 공격한 폭력집단인 '컴퓨터 청산위원회CLODO', 그리고 공산주의와 자본주의 모두를 공격하는 혁명적 정치집단을 포함했다.

비주류 극단주의 집단 중 일부는 다른 집단보다 이념적으로 훨씬 더 특이한데, 확실히 이렇게 다양한 집단 사이에는 공통점이 많지 않을 것이다. 아니면 공통점이 많을까? 적어도 이들 사이를 연결하는 것처럼 보이는 한 가지 요소는 이러한 집단 리더들의 공식 문서나 연설문 녹음에 음모론이 담겨있다는 점이다. 확실히 말하자면 연구 대상 모두에서 명확하고 직접적인 음모론의 증거가 나온 것은 아니다. 예를 들어 '아일랜드 공화국군 진정파'의 기록에서는 음모론을 찾을 수 없었다. 그러나 나머지 대부분의 집단에서는 문서상으로 음모론을 확인할 수 있었다. 집단마다 신봉하는 음모론에는 미묘한 차이가 있는데, 몇 가지만 예로 들면 어떤 집단은 유대인들이 세계를 지배하려고 음모를 꾸민다고 믿고(극우), 또 다른 집단은 서방이 이슬람을 말살하려 한다고 믿고(알카에다), 또 다른 집단은 재정전문가와 은행가들이 세상을 장악하고 과도한 권력을 행사하려 든다고(극좌) 믿는다. 그러나 이러한 집단들 사이의 음모론에는 여러 유사점도 있었는데, 반복적으로 자주 등장하는 음모론 한 가지는 '신 세계질서'로 대표되는 전체주의 세계 정부에 대한 것이었다. 이 연구를 수행한 연구진의 결론처럼 "이렇게 수많은 음모론이 서로 중복되거나 결합된 형태로, 심지어 이념상으로 양극단인 집단들 사이에 나타난다는 사실은 충격적이다." (p.4)

연구 대상 중 일부 비주류 극단주의 집단은 폭력성을 띠었고 다른 집단은 그렇지 않았다. 그렇다면 폭력성 비주류 집단과 비폭력성 비주류 집단 사이에 차이가 있었을까? 결과적으로, 음모론은 이들 두 집단에서 두루 발생한 것으로 나타났다. 그러므로 음모론이 필연적으로 폭력으로 이어진다고 생각하는 것은 너무 안이한 결론이다. 물론 이따금 음모론이 테러 공격처럼 극단주의적 폭력을 부추기기도 하지만 항상 그런 것은 아니다. 그 대신 바틀렛과 밀러는 음모론이 '급진주의 증폭제'의 역할을 한다고 결론 내린다. 다시 말해 음모론이 기저의 극단주의를 악화시켜 급진적으로 변하는 속도를 가속한다는 것이다. 더 나아가 이미 이념적으로 극단주의적인 집단을 폭력적으로 바꾸는 과정에 기여할 수도 있다. 음모론은 집단을 좀 더 극단주의로 몰아갈 수 있고 일단 이 극단주의가 일정 수준에 도달하면 이들 집단을 폭력적으로 바꿔 놓을 수 있다는 것이다.

바틀렛과 밀러는 세 가지 구체적인 과정을 들어 음모론이 급진주의를 어떻게 증폭시키는지 설명하는데, 이 세 번째 과정에서만 음모론으로 인해 극단주의 집단이 폭력적으로 변할 수 있다. 첫 번째로, 음모론에서는 외부인을 악마로 본다. 비주류 극단주의 집단은 다소 엄격하게 '우리'와 '그들'을 구별하는데, 이때 음모론이 구성원 사이에 정체성을 견고히 하는 역할을 하고 타 집단에 대한 혐오를 조장할 수 있다. 두 번째로, 음모론으로 인해 극단주의 집단은 자신의 집단에 대한 비판을 거짓이라고 믿게 된다. 반대의 목소리는 극단주의 집단의 결속을 해칠 수 있지만, 음모론이 있으면 집단을 비판하는 사람들을 적대적 음모자로 치부해 버릴 수 있다. 그리고 세 번째로, 음모론은 비주류 극단주의 집단에 폭력만이 남은 선택지라는 느낌을 줄수 있다. 더 구체적으로 말하면 음모론은 집단이나 집단이지지하는 명분이 적대적 음모자 집단에 의해 곧 공격받을 것이라는 느낌을 증폭시켜, 급박하게 대응해야 하고 평화적 반응은 아무런 효과가 없을 것이라는 생각을 심어준다.

이러한 견해는 설득력이 있지만 '급진주의의 증폭제'인 음모론과 관련해 인과관계의 순서를 명확히 검증할 연구가 추가로 필요하다. 특히, 이 연구의 분석 결과는 음모론이 급진주의를 가져올 수 있다는 사실을 함축하지만 이런 결론에 신빙성을 더하려면 인과관계에 관한 더 직접적인 증거가 필요하다. 예를 들어 음모론에 대한 과도한 믿음이 1년 후에는 그 사람을 급진적으로 만든다고 예측할 수 있을까? 현재로서는 음모론 때문에 급진적 성향이 나타나는지, 음모론과 급진화 과정이 서로를 강화하는지 확실하게 결론 내릴 수 없다. 그러나 명백해 보이는 것은 음모론이 전체적인 급진화 과정의 일부라는 점이다. 음모론은 사람들을 온건주의에서 극단주의로 변하게 하고 극단주의 집단이 폭력에 의존하도록 부추기는 역할을 한다.

맺으며

———

이번 장에서는 이념과 음모론의 연결고리가 무엇인지를 살펴보았고 음모론에 대한 믿음이 특히 극단적 이념의 지지자들 사이에 만연한다는 것을 알게 되었다. 이 결론은 세 가지 증거를 근거로 한다. 우선 역사적 증거는 음모론이 억압적이고 독재적인 극단주의 정권의 핵심이라는 것을 보여준다. 그리고 정치심리학적 연구는 현대 민주주의 사회에서 포퓰리즘을 지지하는 유권자들이 온건한 주류 정당 지지자들보다 음모론을 더 믿는 경향이 있다는 사실을 말해준다. 마지막으로 비주류 극단주의 집단에 대한 질적 분석에서는 이념적인 내용과는 별개로 음모론이 극단주의 집단들 사이에 매우 흔하다는 것을 보여주었다. 음모론은 본질적으로 양극화된 정치적 분위기와 관련이 있으며, 이념이 다른 집단들은 반대 집단을 적으로 그려낸다.

06

음모론 줄이기

재직 중인 대학에서 발간하는 지역 저널에 실릴 음모론에 관한 인터뷰를 마치고 나서, 기자가 나에게 은박지로 만든 모자를 쓴 모습을 사진으로 찍어도 되겠냐고 물었다. 예상 치 못한 질문에 방심하고 있던 나는 그러라고 했고 당시에 는 그렇게 하는 것이 한편으로는 재미있다고 생각했다. (그 러나 그 사진이 그 저널의 표지에 실린다는 것을 알았더라면 재고했 어야 한다는 점을 인정한다.) 그러나 나중에 이 요청에 대해 곰 곰이 생각해보고 나서야 이 사진이 음모론 연구자들에 대 한 많은 사람들의 고정관념을 반영한다는 사실을 깨달았다. 즉 사회 부적응자이다, 현실과는 유리되어 황당한 이론이나 믿으며, 정부가 사람들의 뇌를 조종하기 위해 사용하는 방사능을 막기 위해 은박지 모자를 쓰고 다니는 사람으로 보일 가능성이 있는 것이다. 이 책에서 다루어진 몇몇 음모론은 외계 도마뱀에서 속 빈 지구 이론에 이르기까지 실제로 기괴하기 이를 데 없다.

그러나 이러한 이론이 아무리 기괴하더라도, '은박지 모자'식의 묘사는 음모론이라는 사회현상에도, 음모론을 믿는 사람들에게도 공평한 처사가 아니다. 외계 도마뱀이나 화학운 같은 음모론을 믿는 사람들의 수는 놀랄 만큼 많지만 전체 인구에 비하면 매우 소수이다. 더 중요한 것은 '9/11 테러가 내부 소행이다', '지구 온난화는 가짜 뉴스다', '제약업계가 위험한 질병을 확산시킨다'와 같은 많은 '주류' 음모론이 널리 퍼져 있다는 점이다. 꼭 사회 부적응자나 현실 파악을 못하는 이들만 이런 주류 음모론을 믿는 것이 아니다. 오히려 정상적이고 준법정신이 투철하고 맡은 바 제 역할을 잘 해내는 많은 사람들이 이런 음모론을 믿는다. 또한 음모론이 비교적 교육수준이 낮은 계층에서 조금 더 흔하기는 하지만 잘 알려진 관리자급 인사, 배우,

과학자, 변호사, 그리고 심지어 미국 대통령인 트럼프도 음모론을 말하는 걸 보면 교육 수준이 낮은 계층에만 국한된 것도 아니다. 음모론은 사람들의 대화에서 흔하게 등장하며 술집, 파티, 길거리, 대중교통 수단, 식료품 가게 등 어디에서나 들을 수 있기 때문에 굳이 인터넷에 접속하지 않아도 얼마든지 음모론에 대해 알 수 있다.

음모론은 왜 그렇게 널리 퍼져 있을까? 마지막 결론을 짓기 전에 앞에서 제시된 통찰력 있는 시각들을 요약해 보기로 하자. 이러한 여러 견해는 음모론이 흔한 사회 현상이라는 것을 이해할 수 있게 해준다. 음모론을 설명하는 과정에서 가장 흔하게 저지르는 실수는 음모론을 병적인 것으로 치부하는 것이다. 그러나 나의 결론은 음모론이 불안과 공포에 대한 정상적이고 예측 가능한 심리학적 반응에서 나온다는 것이다. 이제 음모론의 심리학에 대한 결론을 내린 후 음모론을 줄이기 위해 정책입안자들이 할 수 있는 일에 관하여 몇 가지 제안을 하려고 한다.

왜 음모론은 널리 퍼지는가

―――

공포와 불안 같은 부정적인 감정은 핵심적인 인과관계 요소로 음모론이 인구 대부분에 널리 퍼지게 된 이유를 설명한다. 이런 부정적인 감정은 음모론이 사회적 위기 상황에서 무성해지는 이유도 설명한다. 이 위기 상황에는 테러 공격, 자연재해, 혹은 공인의 갑작스러운 죽음처럼 갑작스러운 위기와 기후변화, 전염병, 혹은 전쟁처럼 지속되는 위기가 모두 포함된다. 그러나 확실하고 객관적인 실제 위기 상황이 없는 경우에도 부정적인 감정이 음모론을 불러일으킬 수 있다. 미래에 대한 불안감, 소외감, 사회의 급변하는 권력구조, 공권력에 대한 뿌리 깊은 불신 등이 모두 음모론을 촉발할 수 있다. 부정적인 감정은 사태를 이해하고자 하는 열망으로 이어지는데 이때 사람들은 최악을 가정하며 권력을 가졌거나, 자신과 다르거나, 신뢰할 수 없는 외집단에 대해 의심을 증폭시킨다. 이렇게 생긴 의심은 음모론을 특징짓는 좀 더 구체적인 심리적 과정으로 나누어질 수 있으며, 다음의 세 가지 상호보완적 설명으로 요약될 수 있다.

첫째: 음모론은 사람에게 공통으로 나타나는 기능적 인지 과정의 왜곡에 의한 것이며, 특히 패턴 인식과 행위자 감지에 뿌리를 두고 있다.

인간은 패턴을 인식하고 행위자를 감지하는데 이는 매우 기능적인 인간 정신의 속성이다. 패턴을 인식하는 능력이 없으면 선과 악, 건강에 유익한 것과 해로운 것, 안전한 것과 위험한 것을 구분하지 못할 것이다. 패턴 인식은 인간의 연상학습 능력에 관한 것이다. 우리는 경험과 관찰학습을 통해 세계에 대한 인과관계 이론을 만들어내는데 이러한 이론은 때로 정확하며, 우리가 행동했을 때의 결과를 예측할 수 있게 해준다. 예를 들어 높은 지붕에서 뛰어내리면 다리가 부러진다거나 주유 중에 담배를 피우면 후회할 일이 생길 수 있다거나 하는 인과관계를 예측한다. 또한, 행위자를 감지하는 능력이 없으면 사회적 관계에서 속수무책일 것이다. 행위자 감지능력은 타인이 어떤 행동을 고의로 했는지 아닌지를 알아차릴 수 있게 해주고 타인의 의도를 파악해 그들의 미래 행동을 예측하게 해준다. 행위자를 정확하게 인식하면 타인이 추파를 던지는지, 공격적인지,

아니면 그저 우연히 내가 하는 행동을 바라본 것인지를 구분할 수 있다. 행위자를 정확하게 감지할 수 있으면 이상한 그림자를 보고 매번 겁을 먹지 않아도 되고, 개가 짖고 있을 때 어떤 때에는 안아도 괜찮은지 또는 어느 때에는 조심해서 접근해야 하는지 판단할 수 있다.

그러나 불안과 공포는 패턴 인식과 행위자 감지과정을 지나치게 자주 활성화한다. 사람들은 실제로는 우연히 일어난 일에서 종종 패턴을 인식하며, 공포와 불안은 이러한 잘못된 패턴 인식을 악화시킨다. 예를 들어 여러 연구에 따르면 상황을 통제할 수 없을 때 사람들은 음모가 있다고 인식하기 시작할 뿐 아니라 임의의 노이즈 속 이미지, 주식 시장 정보, 미신과 같이 다른 자극 속에서도 패턴을 보기 시작한다.[1] 이와 마찬가지로 사람들이 존재하지 않는 곳에서 행위자를 감지하는 경우도 흔하다. 하이더와 짐멜의 고전적 실험에서 모든 참가자는 스크린 속 단순한 기하학 형태들에 행위자의 속성을 부여했다. 공포와 불안은 행위자를 감지하는 인간의 성향을 자극하는데, 이로 인해 음모론이나 행위자가 있다는 믿음이 생겨날 수 있다. 예를 들어, 불안과 공포 상황에서 사람들은 주체적으로 행동하는 인

격화된 신을 더 강하게 믿는다.[2]

그러므로 음모론의 기저에 깔린 인지과정은 병리적 현상이 아니고 인간의 정신이 지속해서 작동하고, 불안과 공포에 대한 반응으로 좀 더 강하게 활성화되는 정상적인 과정이다. 많은 상황에서 불확실성과 이런 인식 과정의 활성화 간의 관계는 기능적이기도 하다. 다시 말해 실제 위험이 있는 경우 패턴 인식과 행위자 감지 능력은 위험의 본질을 파악하고 적절한 행동을 하도록 돕는다. 그러므로 일반 대중 사이에 음모론이 널리 퍼지는 한 가지 이유는, 음모론이 정상적이고 기능적인 인지과정과 관련이 있기 때문이다.

둘째: 음모론은 집단 간 갈등 속에 뿌리를 두고 있다.

인간은 사회적인 존재다. 다른 사람들과 관계를 맺으려는 자연스러운 성향이 있고 사회 집단에 소속되려는 근본적인 욕구가 있다. 이러한 '소속의 욕구'의 힘은 자신이 높게 평가하는 타인이나 집단에서 배제되었을 때 특히 명백해진다. 연인과의 결별, 친구라고 여겼던 사람들로부터 받은 거절, 모든 이가 초대받은 파티에 초대를 받지 못했을 때를 생각해 보자. 그렇게 사회적으로 배제당하는 일은 일생에서 가장 피하고 싶은 경험 중 하나이며 자존감을 손상하고 소속감, 통제력, 그리고 삶이 의미 있다는 느낌을 저하한다. 사회에서 배제되는 일은 고통을 준다. 실제로 신경학적 증거에 의하면 배제되는 경험은 육체적인 고통을 경험할 때와 똑같은 뇌의 영역을 활성화하는 것으로 나타났다.[3] 사회적으로 배제되는 일은 왜 이렇게 고통스러울까? 남들과 의미 있는 사회적 관계를 갖고 싶은 욕구가 인간의 본성이고 사회적으로 배제당하는 일은 이 욕구에 위협이 되기 때문이다. 인간은 본능적으로 자신을 가치 있는 타인과 연결 짓고 싶어 하고 이렇게 형성된 집단을 '우리가' 또는 '우리를'이라고 부르고 싶은 욕구를 가지고 있다.

그러나 사람들은 차별 없이 다른 모든 사람과 자신을 연결 짓지는 않는다. '우리'가 존재하면 '우리'와 다른 외부 집단인 '그들'이 있게 마련이다. 사람은 끊임없이 사회를 내집단과 외집단으로 분류하며 자신이 속한 내집단은 정체성의 중요한 일부를 형성한다. 그 결과, 사람들은 내집단에 대해 과장된 견해를 갖는 경향이 있다. 예를 들면 자신이 속한 집단이 도덕적으로 우월하며 자연스레 다른 집단은 열등하다고 인식한다. 불안과 공포는 '우리'와 '그들'로 구분하는 경향을 증가시켜 집단 간 갈등에 불을 지핀다.[4] 이러한 집단 간 갈등은 여러 형태로 나타날 수 있는데, 축구 경기를 할 때의 불편한 분위기 정도에서 피비린내 나는 전쟁과 대량학살에 이르기까지 각기 다른 수준으로까지 고조될 수 있다. 그러나 대부분의 집단 간 갈등 상황에서 공통으로 나타나는 것은 자신의 정체성을 자신이 속한 내집단과 더 강하게 연결 짓는다는 점과 외집단을 위협적이라고 인식하는 점이다.

음모론은 이렇게 집단 간 갈등이 있다고 인식될 때 필연적으로 등장하며 양 갈등 당사자가 느끼는 상호 의혹의 감정을 반영한다. 특히 연구에 의하면 음모론은 집단 간 갈등의 두 가지 요소와 밀접하게 연결되어 있다. 첫째, 자신의 정체성을 내집단과 강하게 연결 지을수록 내집단 구성원들이 해를 입었을 때 우려하는 마음이 커진다. 그리고 특히 해를 입은 원인이 확실하지 않은 경우에, 적대적 외집단에 책임을 전가하는 음모론적 설명을 내놓고 싶은 유혹이 더 심해진다. 둘째, 외집단이 더 강하고, 기술이 더 진보했거나, 부정적인 이미지를 가졌거나, 혹은 외집단이 내집단보다 수적으로 우세하여, 외집단의 위협이 크게 느껴질수록 외집단 구성원이 내집단을 대상으로 음모를 꾸미고 있다는 이론을 더 믿게 될 가능성이 높다. 종합해 볼 때, 이런 시각은 음모론이 위험할 소지가 있는 집단으로부터 소중한 내집단을 보호하려는 동기가 음모론에 반영되어 있다는 점을 나타낸다.

따라서 음모론의 기저에 깔린 사회적 진행과정은 병리적 현상이 아니다. 음모론은 세상을 내집단과 외집단으로 구분하려는 인간의 기본 성향의 결과이며 자신이 속한 내집단을 잠재적으로 위험하고 강력한 외집단에서 보호하려는 당연한 열망의 결과이다. 다른 집단에 대한 의심이 꼭 합리적이어야 할 필요는 없고 실제로 어느 정도 보호하는 기능도 있다. 가끔 외집단들이 실제로 위험하거나 내집단을 속이거나 악의적인 조치를 계획하고 있을 수도 있기 때문이다. 그러나 이 책을 통틀어 살펴본 것처럼 많은 사람들이 이 과정에서 실수하고 그럴 가능성이 없는 곳에 음모론이 있다고 생각한다. 요약하면, 음모론에는 집단 간의 영역이 있다. 특히 내집단 구성원들이 경험한 피해가 외집단의 책임이라고 의심될 때 불안과 공포가 음모론을 부추긴다.

셋째: 음모론은 강력한 이념에 뿌리를 두고 있다.

사람은 누구나 세상에 대한 도덕적 관점을 가지고 있고 자신과 타인의 행동을 '옳다'거나 '그르다'라고 평가한다. 이러한 도덕적 판단은 자신의 규범이나 가치판단과 밀접한 관련이 있고 자신이 생각하는 좋은 사회상에 대한 이념적 믿음을 형성한다. 그러나 이념적 믿음은 주관적이며, 시급한 사회적 문제를 푸는 해법에 관해 타인이 다른 견해를 가질 수 있다는 사실을 사람들은 이해한다. 이러한 이념적 다원주의가 잘 반영된 것들에는 국민들이 가진 여러 다른 정치적 의견이나, 의회의 여러 다른 정당, 기후변화, 가난, 공중보건 같은 중요한 주제를 놓고 오가는 격렬한 논쟁 등이 있다. 그러나 가끔 사람들은 열정과 신념을 가지고 자신의 이념적 믿음을 지지하는데 그 결과 어떤 대안도 받아들일 수 없다. 이때, 그들의 이념적 믿음은 더는 주관적인 것이 아닌, 객관적이고 부정할 수 없는 진리를 규정하는 것처럼 보인다. 이러한 강한 이념적 믿음은 사람들을 극단주의 정치운동이나 근본주의 종교조직을 지지하도록 부추긴다.

공포나 불안은 이렇게 경직되고 극단적인 이념적 믿음

을 자극한다. 이념적 극단주의의 특징이 자신의 견해가 객관적으로 옳다는 과도한 신념임을 감안할 때, 이러한 주장이 다소 역설적으로 보일 수도 있다. 그러나 극단주의는 불확실성과 공포를 일으키는 사회 상황과 연계하여 증가하는 경향이 있다. 경제 불황, 사회적 혼란 또는 최근 유럽연합의 난민 위기 같은 것들이 불확실성과 공포를 불러올 수 있다. 이런 역설을 설명하는 심리학 이론에서는 불안과 공포가 '보상 확신'이라고 불리는 과정으로 이어질 수 있다고 설명한다. 즉, 인간은 어떤 영역에서의 불안한 느낌을 다른 영역에 대한 확신으로 보상받으려 한다는 의미이다.[5] 보상 확신을 극단적 이념의 원인으로 설명하는 것은 극단주의에 관한 거시정치학적 시각과도 일치한다. 정치학자 마누스 미드라크시Manus Midlarksy는 20세기의 전 세계적 극단주의 정권의 등장에 관한 연구에서, 그의 용어로 '덧없는 이익'이라는 개념을 통해 사람들이 경험한 불안의 인과관계성 역할을 입증하였다.[6] 특히, 사회에서 극단주의가 발생한 때는 흔히 영토상 혹은 경제적인 성장기 같은 호황기가 잠깐 지속하다가 심각한 위기가 발생한 시기였다. 이러한 위기가 빚어낸 사회적 동요로 인해 많은 사람들은 극단주의 정치 운동을 받아들이고 이러한 단순한 정치적 해결책을 통해 위기 상황을 역전시키고 국가의 예전 영광을 되찾으려 한다.

5장에서 살펴보았듯이, 극단적 이념을 지지하는 사람들은 온건한 이념을 지지하는 사람들보다 음모론을 믿을 가능성이 높다. 이를 입증하는 증거는 역사적인 자료(예컨대, 극단주의 정권은 온건하고 민주적인 정부보다 음모론을 더 잘 전파한다), 심리학 연구(극단적인 이념에 대한 믿음을 가진 사람들은 온건한 이념을 믿는 사람보다 더 음모론을 믿을 가능성이 높다), 그리고 질적 연구(지하 극단주의 집단은 그들의 핵심이념의 일환으로 음모론을 전파할 가능성이 매우 높다)에서 찾아볼 수 있다. 극단주의와 음모론의 관계는 적어도 집단 간 갈등에 관한 앞서 제시된 설명과도 부분적으로 연결되어 있다. 즉 극단주의 이념은 '우리'와 '그들'의 갈등이라는 틀에서 세상을 바라보는 경향이 매우 강하다. '우리' 국민 대 부패한 엘리트인 '그들'인 것이다. 그러나 거기에는 그보다 훨씬 더 많은 것이 있다. 극단적 믿음은 사회문제의 원인을 명확히 한다는 점에서 음모론과 일치한다. 사회 내에서 전개되는 많은 일들의 복잡성을 인정하는 대신, 극단주의적 이념은 사회

문제가 예를 들어, 부패한 외집단이 고의로 일으켰기 때문이라는 단순한 이유로 생겼다고 주장한다.

급진적이고 극단적인 여러 이념이 지난 세기 동안 많은 해를 끼쳤지만 이러한 이념들은 병리적 증상의 결과는 아니다. 극단적인 이념은 사람들이 인식한 사회적 불의에 대한 우려가 심할 때, 사람들이 자신의 도덕적 믿음을 강하게 확신할 때 생겨난다. 나아가, 굳건한 이념적 확신이 인류에게 해만 끼친 것이 아니라 많은 도움도 되었다는 점에 주목해야 한다. 기본적인 인권문제를 포함하여 모든 사안에 기꺼이 타협하는 수용적인 사람들은 보통 극단주의자들을 저지할 수 없다. 대신, 도덕적으로 용납 가능한 것과 아닌 것에 대한 한계를 분명히 밝히는 사회운동가나 조직화된 정치운동 같은 또 다른 극단주의자들만이 이들을 저지할 수 있다. 강력한 이념은 테러 공격, 탄압, 노예제에 책임이 있지만 평등의 확산, 민주주의, 그리고 기본인권의 헌법적 보호 같은 중요한 사회적 변화도 끌어냈다. 1991년에야 비로소 철폐된 남아프리카 공화국의 아파르트헤이트처럼 얼마 전까지만 해도 인종과 관계없이 평등한 권리를 주장하는 것이 극단주의적 입장이라고 여겨졌다. 좋은 경우나 나쁜 경우나, 강력한 이념의 한 가지 측면은 음모론이며 대부분은 반대되는 이념적 믿음을 가지고 있는 집단에 대한 내용을 담고 있다.

이렇게 제시된 세 가지 시각은 음모론이 널리 확산되는 이유에 관한 명확한 설명을 제공한다. 왜 일반인들 사이에서 음모론이 널리 퍼질까? 음모론의 뿌리에 인간의 정상적 심리 과정이 있기 때문이며 이러한 심리는 부정적 감정에 의해 증폭된다. 불확실성과 공포를 일으키는 상황이 정상적이라면 제대로 기능했을 패턴 인식과 행위자 감지의 인지과정을 과도하게 활성화하며, '우리'와 '그들'이라는 대립하는 집단으로 분류하는 인간의 경향을 자극하기도 하며, 사람들의 도덕적 판단을 강화하여 극단적 이념에 더 쉽게 노출되게 한다. 게다가 실제로 음모는 모의되고 실행될 수 있기 때문에 모든 음모론이 명백하게 불합리한 것은 아니다. 인지과정 중에 많은 실수가 있다 하더라도 권력을 가진 외집단을 의심하는 것은 기능적일 수 있다. 음모론에 취약하다는 것은 인간 생활의 자연스러운 측면일 수도 있다.

어떻게 하면 음모론을 줄일 수 있을까?

———

가끔 실제로 음모가 발생한다는 것을 감안할 때, 음모론을 줄이는 방안을 다루기에 앞서 분명히 해둘 것이 있다. 음모론을 줄이는 것과 대중이 속아 넘어가도록 방치하는 것은 다르다는 점이다. 그렇다고 부패를 줄이는 노력을 저지하거나, 반대파를 탄압하고 부패를 저지른 공직자들에게 면죄부를 주려는 시도도 아니다. 훌륭한 시민은 건설적인 비판의식을 지녀야 하며 정책결정자의 행동을 관심 있게 주시하고 나쁜 정책이나 실제 도덕성 위반사례를 보았을 때자기 생각을 밝힐 수 있어야 한다. 그러나 이 책 전체에서분명히 밝혔듯이 많은 음모론은 불합리하고 종종 해롭기까지 하다. 제약회사들이 백신이 자폐증을 유발한다는 증거를 숨기고 있다는 믿음은 불합리하고 해롭다. 지구 온난화가 중국, 부패한 과학자 등이 지어낸 가짜 뉴스라는 믿음은 불합리하고 해롭다. 국민 개개인이 정책을 개선하기 위한 건설적인 비판의식을 가진다면 훌륭한 국정운영에 기여할 수 있지만, 현실에 바탕을 두지 않고 사회가 당면한실제 문제를 무시하는 음모론을 주장한다면 국정운영에

해가 될 수도 있다. 음모론을 줄이자는 말은 실제 일어난 부패를 무시하자는 뜻이 아니라 음모론의 타당성 여부를 인지하는 사람들의 능력을 향상시키자는 뜻이다.

불합리한 음모론에 관한 연구가 시사하는 바에 따르면, 합리성을 높이고 합리적 논의의 기회를 제공할 때 사람들이 음모론에 끌리는 것을 줄일 수 있다. 이는 사실이다. 분석적 사고는 음모론을 믿는 경향을 줄이고, 교육 같은 분석적 사고를 촉진하려는 노력은 음모에 대한 믿음 해소와 관련이 있다.[7] 나아가 합리적인 논의를 제공하면 대중이 음모론의 타당성 여부에 관해 정직한 평가를 하도록 만들 수 있다. 많은 음모론이 처음에는 그럴듯한 합리적 주장을 하는 것처럼 보이고 가끔은 과학적인 주장에 근거하기 때문에 설득력 있어 보일 수도 있다. 그 한 가지 예가 9/11 테러 사건의 '녹아내린 강철' 이론으로, 등유를 태워 생성된 온도로는 철을 녹일 수 없다는 과학적 시각에 바탕을 두고 있다. 그러므로 이 이론은 여객기가 쌍둥이 빌딩에 충돌한 후 불기둥이 솟구친 것은 '과학적으로 불가능하다'라는 것이다. 그 대신 쌍둥이 빌딩은 다른 원인, 즉 계획된 폭파로 무너진 것이 틀림없다고 주장한다.

이런 주장은 광범위한 대중을 음모론에 혹하게 만든다. 등유에 붙은 불로 인해 쌍둥이 빌딩이 붕괴한 것이 아니라면 이 빌딩의 붕괴를 달리 어떻게 설명할 수 있을까? 음모론을 감소시키려는 노력에서 중요한 것은 대중에게 실제로 이 문제에 대한 과학계의 의견을 정확히 알려주어야 한다는 점이다. 음모론이 처음에는 그럴듯해 보이지만 누군가 중요한 정보 한 가지만 추가해도 그 순간 말이 안 되는 이야기로 변하는 일이 자주 일어난다. 과학적으로, '녹아내린 강철'이론은 반은 맞고, 반은 틀린 이야기다. 실제로 강철이 등유를 태워 얻은 온도에서 녹지는 않지만 이 이론에는 건물이 붕괴하는데 철근이 녹을 필요는 없다는 사실이 빠져 있다. 건물이 붕괴하려면 철근이 일정 수준까지 약해지기만 하면 된다. 등유에 붙은 불의 열기로 철근이 크게 약화되면 건물에 얹힌 모든 층의 무게를 견딜 수 없게 된다. 쌍둥이 빌딩의 철근구조는 비행기 충돌 시 일어나는 붕괴형태와 운명의 그날 솟아오른 등유 불꽃과 정확히 맞아떨어졌을 뿐이고, 건물은 무너져 내렸다.

그러나 개인적으로는 합리성 외에도 음모론의 주요 원인인 공포와 불안에 집중할 때 가장 효과적으로 음모론을 줄일 수 있다고 생각한다. 대중들 사이에 만연한 비관론을 낙관론으로 바꾸기 위해 노력한다면 비이성적인 음모론은 줄어들 것이다. 이러한 부정적인 감정은 통제감을 상실했다는 느낌과 쉽게 결합하므로, 사람들이 통제력을 갖고 있다고 느끼게 만드는 것도 음모론을 줄일 방법이라고 생각한다. 다르게 표현하자면 사람들이 의심을 덜 하게 되려면 '권한을 이양받았다'는 느낌을 경험하는 것이 필요하다. 즉, 자신의 운명에 스스로 영향력을 행사할 수 있고 자신에게 영향을 미치는 결정에 발언권이 있다고 느낄 수 있어야 한다. 실제로 한 연구에 따르면 참가자들에게 자신의 인생에서 완벽히 통제력을 쥐고 있다고 느꼈던 때를 기억하도록 한 집단에서는 일반 기본조건 대조군보다 음모론이 줄어든 것으로 나타났다.[8]

사람들에게 자율권이 주어질 때 음모론이 감소한다는 것을 이해하면 지도자들이 사람들의 의심을 덜어주기 위해 무엇을 해야 할지 돌아보게 된다. 리더십 관련 문헌에서 우리가 기본적으로 파악할 수 있는 한 가지 사실은, 사람들은 저마다 다른 유형의 리더십으로 통치를 하고 이 형태는 리더가 의사결정 과정에 사람들을 얼마나 개입시키고 권한을 주는가에 따라 구분된다는 것이다. 조직 심리학자 르노드 브리Reinout de Vries와 나는 다양한 조직의 직원을 대상으로 한 연구를 진행했는데, 이 연구에서 우리가 조사한 것은 리더의 유형에 따라 조직 내 음모론, 즉 관리자가 악의적 목표를 위해 비밀리에 음모를 꾸미고 있다는 직원들의 믿음을 어떻게 예측할 수 있는지였다. 연구진은 특히 자주 나타나는 네 가지 리더십 유형을 살펴보았다. 이들 네 유형은 파괴적인가 건설적인가에 따라 구분되었다.[9]

연구에서 살펴본 파괴적인 리더십 유형에는 독재적인 리더십과 자유방임형 리더십이 있다. 독재적인 리더십은 사람들에게 가혹하고 비평을 쉽게 받아들이지 않는 전체주의적 리더를 의미한다. 자유방임형 리더십은 본질적으로 리더십의 부재를 의미하는데 이런 리더는 절실히 필요할 때를 제외하고는 개입하지 않기 때문이다. 건설적인 리더십 유형에는 카리스마적 리더십과 참여적인 리더십이 있었다. 카리스마적 리더는 조직의 목표를 직원들이 정하도록 유도하고 직원들에게 자기 일이 중요하다는 느낌을 들게 만든다. 다음으로 참여적인 리더는 직원들 모두에게 영향을 미칠 결정에 관해 그들의 의견을 물어 직원들을 의사결정 과정에 포함한다.

연구결과에 따르면, 파괴적 리더십 두 가지 모두 직원들 사이에 무성한 음모론을 불러일으켰는데, 직원들의 고용 불안이 커지기 때문이었다. 독재적인 리더는 직원들의 안위나 이익에는 관심이 없는 것처럼 보이기 때문에 사람들을 불안하게 만든다. 자유방임형 리더 역시 사람들을 불안하게 만드는데 리더가 전혀 모습을 보이지 않아서 직원들을 얼마나 귀하게 여기는지 알 수 없기 때문이다. 음모론을 줄이는 것이 목표라면 적극적이거나 수동적인 수단을 통해서 파괴적인 리더십을 발휘하는 것은 해답이 아니다. 좀 더 건설적인 리더십 유형 중에서 카리스마적 리더십은 음모론과 관련이 없는 것으로 나타났다. 카리스마적인 리더십은 여러 면으로 사람들에게 종종 집단을 위한 노력을 하도록 동기부여를 하는 등의 긍정적인 영향을 미칠 수 있지만 음모론을 믿을 가능성에 관해서는 영향을 미치지 않았다. 사람들이 카리스마적 리더 또는 그렇지 않은 리더가 연루된 음모론을 믿을 가능성은 같은 것으로 나타났다.

음모론이 감소할 것으로 기대되는 리더십 유형은 바로 참여적인 리더십 유형이다. 중요한 결정을 해야 할 때 지지자들의 의견을 듣고 그들의 제안과 의견을 중요하게 여기는 리더 아래에서는 그렇지 않은 리더들에 비해 음모론이 덜 발생하였다. 이 유형의 리더는 지지자들에게 자율권을 주기 때문이다. 이런 경우 사람들은 자신이 중요한 의사결정 과정의 일부이고 자신의 의견이 중시된다고 느낀다. 사실, 모든 이가 참여적인 리더십의 권한부여 효과를 직접 경험할 필요는 없다. 사람들이 의사결정 과정에 포함되면 의사결정 과정의 복잡성을 더 잘 이해하게 되고 다음에 이루어질 일에도 견해차가 있을 수 있다는 점을 인식하게 된다. 사람들은 일반적으로 이전의 의사결정 과정이 공정했다고 믿으면 자신에게 유리하지 않은 결정이라도 잘 받아들인다. 자율권이 있다고 느끼려면 자신이 속한 공동체에서 자신이 중요하게 여겨지고 존경받는 구성원이라고 느낄 수 있어야 한다. 이를 위해 리더는 구성원들의 의견에 귀를 기울이고 그들의 이익을 고려하기 위한 진정한 노력을 해야 한다.

참여적 리더십의 핵심은 의사결정 과정에서 절차적 정의正義라는 기본 원칙을 활용하는 것이다. 다시 말해 사람들이 공정하게 여기는 절차를 통해 의사결정이 이루어져야 한다. 의사결정자에 대한 반응에 절차적 정의가 어떤 영향을 미치는지는 여러 기록에 잘 나와 있고, 전반적인 연구 결과에 따르면, 사람들이 절차가 공정하다고 느낄 때 동의하지 않더라도 절차에 따른 결정들을 쉽게 받아들이고, 더 긍정적인 감정을 경험하고, 의사결정자에게 존중받는다고 느끼고, 의사결정자를 더 신뢰하는 것으로 나타났다. 따라서 절차적 정의는 리더와 구성원 관계의 질을 총체적으로 향상하는데 이는 사람들이 자율권이 있다고 느끼기 때문이다. 의사결정자는 이러한 상황을 만들어 내기 위해 중요한 의사결정에 구성원들이 목소리를 낼 수 있게 해주고, 구성원들을 중요하게 여기고 공동체의 완전한 구성원으로 대해야 한다. 결과적으로 절차적 정의는 음모론을 감소시키는 강력한 도구일 수 있다.

의사결정 과정의 공정성을 향상할 수 있는 유일한 한 가지 방법은 의사결정 과정에 사람들을 참여시키는 것이지만, 절차적 정의에는 음모론을 줄이는데 기여할 것으로 보이는 다른 측면도 있다. 사람들을 참여시키는 것 외에, 음모론을 줄여줄 것으로 보이는 절차적 정의의 기준은 투명성과 책임이다. 많은 음모론이 생겨나는 이유는 권력자가 비밀리에 무언가를 모의하고 숨은 동기를 가지고 정책을 지지한다는 믿음 때문이다. 투명성과 책임감을 높이면 사람들의 의혹을 줄일 수 있다. 대중에게 정보를 주므로 권력자가 직면하는 어려운 딜레마와 다른 대안 대신 특정 정책을 택한 이유를 대중이 이해할 수 있기 때문이다. 그런 의미에서 보면, 투명성을 높이고 책임을 지는 일도 대중에게 자율권을 주어 대중이 정책을 정직하고 비판적으로 평가할 수 있게 해주고, 음모론을 통해서가 아니라 좀 더 건설적인 방식으로 지도자들이 자신의 행위에 책임지도록 해준다.

따라서 음모론을 줄이기 위해 합리성을 증진할 방법과 불안과 공포를 줄일 방법을 결합할 수 있을 것이다. 특히 나는 합리적 토론과 모든 증거를 활용해 만연한 음모론을 면밀히 분석하고, 절차적 정의의 조치로 사람들에게 자율권을 주고 의사결정 과정에 사람들을 참여시키는 이 두 가지 방식을 결합해야 한다고 주장한다. 이러한 방법이 세상은 사악한 음모에 의해 지배당하고 있다고 굳건히 믿는 소수의 사람을 설득하는 데 실패할 수도 있지만, 큰 영향을 미친 사회적 사건에 대하여 음모론적 설명과 비음모론적 설명을 모두 받아들이는 훨씬 더 많은 대다수 사람들을 설득할 수는 있을 것이다.

맺으며

———

음모론이 특히 현대에만 만연한 것은 아니며 인류 역사를 통틀어 음모론은 언제나 존재했다. 사람들은 잠재적 위험에 대한 반응으로 불안과 공포를 경험하고, 이러한 부정적 감정에 효과적으로 대응하기 위해, 강력하고 적대적인 외집단의 있을지 모를 음모 활동을 항상 경계하게 된다. 이러한 경계심은 병적인 것이 아니며 정상적인 심리 과정과 관련된 자연스러운 방어기제이다. 그러므로 음모론은 매우 흔하며 우리가 예견할 수 있는 미래에도 계속 생겨날 것이다. 그러나 음모론이 흔한 현상이라고 해서 음모론이 이성적이거나 사실이 되는 것은 아니다. 현재 세계는 책임감 있는 해결책이 있어야 하는 중대한 시련에 직면해 있지만 포퓰리즘, 지구 온난화, 집단 간 갈등, 공중보건, 빈곤, 이민, 실업, 공공 지배구조 등을 포함한 이런 중대한 문제들도 자주 음모론의 대상이 된다. 그러므로 나는 여기에 제시된 음모론의 심리학에 관한 통찰력 있는 시각이 이 세상을 덜 강박적인 사회로 만드는 데 기여하기를 희망한다.

주

01 음모론과 심리학

1   Zonis & Joseph, 1994, p. 448

2   Van Prooijen & Van Lange, 2016

3   Kay, Gaucher, McGregor, & Nash, 2010

4   Wright & Arbuthnot, 1974

5   Pipes, 1997

6   Pipes, 1997

7   Synovate, 2009

8   Oliver & Wood, 2014

9   For details, see Sunstein & Vermeule, 2009

02 사람들은 언제 음모론을 믿는가

1   Uscinksi & Parent, 2014

2   Andeweg, 2014

3   Pipes, 1997

4   Park, 2010

5   Neuberg, Kenrick, & Schaller, 2011

6   Vuolevi & Van Lange, 2010

7   Van Prooijen & Acker, 2015

8   Sullivan et al., 2010 ; Van Harreveld et al., 2014; Whitson & Galinsky, 2008

9   Van Prooijen & Acker, 2015

10 Van Prooijen & Jostmann, 2013

11 Leboeuf & Norton, 2012

03 믿음의 구조

1   Wiseman, 2015

2   Wood, Douglas, & Sutton, 2012

3   Goertzel, 1994 ; Swami et al., 2011

4   Darwin, Neave, & Holmes, 2011 ; Lobato, Mendoza, Sims, & Chin, 2014

5   Aarnio & Lindeman, 2005 ; Gervais & Norenzayan, 2012 ; Swami et al., 2014; Van Prooijen, 2017

6   Shermer, 2011

7   Falk & Konold, 1997

8   Wilke, Scheibehenne, Gaissmaier, McCanney, & Barrett, 2014

9   Skinner, 1948

10 Skinner, 1948, p. 171

11 Blackmore & Trościanko, 1985

12 Dieguez, Wagner-Egger, & Gauvrit, 2015

13 Bressan, 2002 ; Blagrove, French, & Jones, 2006

14 Van Prooijen, Douglas, & De Inocencio, in press

15 Van Elk, 2013

16 Douglas et al., 2016

04 음모론의 사회적 뿌리

1   Goertzel, 1994

2   Pipes, 1997

3   Van Prooijen & Van Dijk, 2014

4   Dovidio et al., 2004 ; Galinsky & Moskowitz, 2000

5   Golec De Zavala & Cichocka, 2012

6   Imhoff & Bruder, 2014

7   Mashuri & Zaduqisti, 2013

8   Mashuri & Zaduqisti, 2015

9   Thorburn & Bogart, 2005

10   Crocker, Luhtanen, Broadnax, & Blaine, 1999

05 음모론과 이념

1   www.independent.co.uk/news/uk/politics/eu-referendum-poll-brexit-liveleave-voters-mi5-conspiracy-government-a7092806.html

2   For an overview, see Jost, Glaser, Kruglanski, & Sulloway, 2003 .

3   Van Prooijen, Krouwel, Boiten, & Eendebak, 2015 ; Van Prooijen & Krouwel, 2017

4   Müller, 2016

5   Judis, 2016

6   Pipes, 1997

7   Inglehart, 1987

8   Van Prooijen, Krouwel, & Pollet, 2015

9   Imhoff, 2015

10   Uscinski & Parent, 2014

11   Bartlett & Miller, 2010

06 음모론 줄이기

1 Whitson & Galinsky, 2008

2 Hogg, Adelman, & Blagg, 2010

3 Eisenberger, Lieberman, & Williams, 2003

4 Hogg, 2007

5 McGregor, 2006

6 Midlarsky, 2011

7 Van Prooijen, 2017

8 Van Prooijen & Acker, 2015

9 Van Prooijen & De Vries, 2016

추가자료

도서

Daniel Pipes. (1997). *Conspiracy: How the paranoid style flourishes and where it comes from.* New York, NY: Simon & Schuster.

David Dunbar and Brad Reagan. (2011). *Debunking 9/11 myths: Why conspiracy theories can't stand up to the facts.* New York, NY: Hearst Books.

Jamie Bartlett, J. and Carl Miller. (2010). *The power of unreason: Conspiracy theories, extremism and counter-terrorism.* London, UK: Demos.

Jan-Werner Müller. (2016). *What is populism?* Philadelphia, PA: University of Pennsylvania Press.

Jan-Willem van Prooijen and Paul A. M. van Lange. (2014). *Power, politics, and paranoia: Why people are suspicious of their leaders.* Cambridge, UK: Cambridge University Press.

Jesse Bering. (2011). *The belief instinct: The psychology of souls, destiny, and the meaning of life.* New York, NY: W.W. Norton & Co.

Joseph E. Uscinski and Joseph M. Parent. (2014). *American conspiracy theories.* New York, NY: Oxford University Press.

Michal Bilewicz, Aleksandra Cichocka, and Wiktor Soral. (2015).

The psychology of conspiracy. Oxon, UK: Routledge.

Michael Shermer. (2011). *The believing brain: From ghosts and gods to politics and conspiracies – How we construct beliefs and reinforce them as truths.* New York, NY: Henry Holt.

Richard Wiseman. (2011). *Paranormality: The science of the supernatural.* London, UK: Pan Books.

Rob Brotheron. (2015). *Suspicious minds: Why we believe conspiracy theories.* New York, NY: Bloomsbury Sigma.

Robert S. Robins and Jerrold M. Post. (1997). *Political paranoia: The psychopolitics of hatred.* New Haven, CT: Yale University Press.

웹사이트

www.vox.com/science-and-health/2017/4/25/15408610/conspiracy-theories-psychologist-explained

www.youtube.com/watch?v=FzF1KySHmUA

http://youtu.be/3zEiAQdyAGk

참고문헌

Aarnio, K., & Lindeman, M. (2005). Superstition, education and thinking styles. *Personality and Individual Differences, 39,* 1227-1236.

Andeweg, R. B. (2014). A growing confidence gap in politics? Data versus discourse. In J.-W. van Prooijen & P. A. M. van Lange (Eds.), *Power, politics, and paranoia: Why people are suspicious of their leaders* (pp. 176-198). Cambridge, UK: Cambridge University Press.

Bartlett, J., & Miller, C. (2010). *The power of unreason: Conspiracy theories extremism and counter-terrorism.* London, UK: Demos.

Blackmore, S., & Trościanko, T. (1985). Belief in the paranormal: Probability judgements, illusory control, and the 'chance baseline shift'. *British Journal of Psychology, 76,* 459-468.

Blagrove, M., French, C., & Jones, G. (2006). Probabilistic reasoning, affirmative bias and belief in precognitive dreams. *Applied Cognitive Psychology, 20,* 65-83.

Bressan, P. (2002). The connection between random sequences, everyday coincidences, and belief in the paranormal. *Applied Cognitive Psychology, 16,* 17-34.

Cowburn, A. (2016, June 21). EU referendum: Poll reveals third of Leave voters believe MI5 conspiring with government to stop Brexit. *Independent.*

Crocker, J., Luhtanen, R., Broadnax, S., & Blaine, B. E. (1999). Belief in U.S. government conspiracies against Blacks among Black and White college students: Powerlessness or system blame? *Personality and Social Psychology Bulletin*, 25, 941–953.

Darwin, H., Neave, N., & Holmes, J. (2011). Belief in conspiracy theories: The role of paranormal belief, paranoid ideation and schizotypy. *Personality and Individual Differences*, 50, 1289–1293.

Dieguez, S., Wagner–Egger, P., & Gauvrit, N. (2015). Nothing happens by accident, or does it? A low prior for randomness does not explain belief in conspiracy theories. *Psychological Science*, 26, 1762–1770.

Douglas, K. M., Sutton, R. M., Callan, M. J., Dawtry, R. J., & Harvey, A. J. (2016). Someone is pulling the strings: Hypersensitive agency detection and belief in conspiracy theories. *Thinking and Reasoning*, 22, 57–77.

Dovidio, J. F., ten Vergert, M., Steward, T. L., Gaertner, S. L., Johnson, J. D., Esses, V. M., Riek, B. M., & Pearson, A. R. (2004). Perspective and prejudice: Antecedents and mediating mechanisms. *Personality and Social Psychology Bulletin*, 30, 1537–1549.

Eisenberger, N. I., Lieberman, M. D., & Williams, K. D. (2003). Does rejection hurt? A fMRI study of social exclusion. *Science*, 302, 290–292.

Falk, R., & Konold, C. (1997). Making sense of randomness: Implicit encoding as a basis for judgment. *Psychological Review*, 104, 301–318.

Galinsky, A. D., & Moskowitz, G. B. (2000). Perspective–taking: Decreasing stereotype expression, stereotype accessibility, and in-group favoritism. *Journal of Personality and Social Psychology*, 78, 708-724.

Gervais, W. M., & Norenzayan, A. (2012). Analytic thinking promotes religious disbelief. *Science*, 336, 493-496.

Goertzel, T. (1994). Belief in conspiracy theories. *Political Psychology*, 15, 733-744.

Golec de Zavala, A., & Cichocka, A. (2012). Collective narcissism and anti-Semitism in Poland. *Group Processes and Intergroup Relations*, 15, 213-229.

Hogg, M. A. (2007). Uncertainty-identity theory. *Advances in Experimental Social Psychology*, 39, 69-126.

Hogg, M. A., Adelman, J. R., & Blagg, R. D. (2010). Religion in the face of uncertainty: An uncertainty-identity theory account of religiousness. *Personality and Social Psychology Review*, 14, 72-83.

Imhoff, R. (2015). Beyond (right-wing) authoritarianism: Conspiracy mentality as an incremental predictor of prejudice. In M. Bilewicz, A. Cichocka, & W. Soral (Eds.), *The Psychology of Conspiracy* (pp. 122-141). Oxon, UK: Routledge.

Imhoff, R., & Bruder, M. (2014). Speaking (un-)truth to power: Conspiracy mentality as a generalized political attitude. *European Journal of Personality*, 28, 25-43.

Inglehart, R. (1987). Extremist political position and perceptions of conspiracy: Even paranoids have real enemies. In C. F. Graumann & S. Moscovici (Eds.), *Changing conceptions of conspiracy* (pp. 231-244). New York, NY: Springer-Verlag.

Jost, J. J., Glaser, J., Kruglanski, A. W., & Sulloway, F. J. (2003). Political conservatism as motivated social cognition. *Psychological Bulletin*, 129, 339-375.

Judis, J. B. (2016). *The populist explosion: How the great recession transformed American and European politics.* New York, NY: Columbia Global Reports.

Kay, A. C., Gaucher, D., McGregor, I., & Nash, K. (2010). Religious conviction as compensatory control. *Personality and Social Psychology Review*, 14, 37–48.

LeBoeuf, R. A., & Norton, M. I. (2012). Consequence–cause matching: Looking to the consequences of events to infer their causes. *Journal of Consumer Research*, 39, 128–141.

Lobato, E., Mendoza, J., Sims, V., & Chin, M. (2014). Examining the relationship between conspiracy theories, paranormal beliefs, and pseudoscience acceptance among a university population. *Applied Cognitive Psychology*, 28, 617–625.

Mashuri, A., & Zaduqisti, E. (2013). The role of social identifi cation, intergroup threat, and out–group derogation in explaining belief in conspiracy theory about terrorism in Indonesia. *International Journal of Research Studies in Psychology*, 3, 35–50.

Mashuri, A., & Zaduqisti, E. (2015). The effect of intergroup threat and social identity salience on the belief in conspiracy theories over terrorism in Indonesia: Collective angst as a mediator. *International Journal of Psychological Research*, 8, 24–35.

McGregor, I. (2006). Offensive defensiveness: Toward an integrative neuroscience of compensatory zeal after mortality salience, personal uncertainty, and other poignant self–threats. *Psychological Inquiry*, 17, 299–308.

Midlarsky, M. L. (2011). *Origins of political extremism.* Cambridge, UK: Cambridge University Press.

Müller, J.-W. (2016). *What is populism?* Philadelphia, PA: University of

Pennsylvania Press.

Neuberg, S. L., Kenrick, D. T., & Schaller, M. (2011). Human threat
management systems: Self-protection and disease avoidance.
Neuroscience and Biobehavioral Reviews, 35, 1042-1051.

Oliver, J. E., & Wood, T. (2014). Medical conspiracy theories and health
behaviors in the United States. *JAMA Internal Medicine*, 174,
817-818.

Park, C. L. (2010). Making sense of the meaning literature: An integrative
review of meaning making and its effects on adjustment to stressful
life events. *Psychological Bulletin*, 136, 257-301.

Pipes, D. (1997). *Conspiracy: How the paranoid style fl ourishes and where
it comes from.* New York, NY: Simon & Schuster.

Shermer, M. (2011). *The believing brain: From ghosts and gods to politics
and conspiracies - How we construct beliefs and reinforce them as
truths.* New York, NY: Henry Holt.

Skinner, B. F. (1948). 'Superstition' in the pigeon. *Journal of
Experimental Psychology*, 38, 168-172.

Sullivan, D., Landau, M. J., & Rothschild, Z. K. (2010). An existential
function of enemyship: Evidence that people attribute influence to
personal and political enemies to compensate for threats to control.
Journal of Personality and Social Psychology, 98, 434-449.

Sunstein, C. R., & Vermeule, A. (2009). Conspiracy theories: Causes and
cures. *The Journal of Political Philosophy*, 17, 202-227.

Swami, V., Coles, R., Stieger, S., Pietschnig, J., Furnham, A., Rehim, S., &
Voracek, M. (2011). Conspiracist ideation in Britain and Austria:
Evidence of a monological belief system and associations between
individual psychological differences and real-world and fictitious
conspiracy theories. *British Journal of Psychology*, 102, 443-463.

Swami, V., Voracek, M., Stieger, S., Tran, U. S., & Furnham, A. (2014).
Analytic thinking reduces belief in conspiracy theories. *Cognition*,
133, 572–585.

Synovate (2009). *Geloven Nederlanders in Complottheorieen?* Research
report Synovate, 13 May 2009.

Thorburn, S., & Bogart, L. M. (2005). Conspiracy beliefs about birth
control: Barriers to pregnancy prevention among African–Americans
of reproductive age. *Health Education & Behavior*, 32, 474–487.

Uscinski, J. E., & Parent, J. M. (2014). *American conspiracy theories.* New
York, NY: Oxford University Press.

Van Elk, M. (2013). Paranormal believers are more prone to illusory
agency detection than skeptics. *Consciousness and Cognition*, 22,
1041–1046.

Van Harreveld, F., Rutjens, B. T., Schneider, I. K., Nohlen, H. U., &
Keskinis, K. (2014). In doubt and disorderly: Ambivalence promotes
compensatory perceptions of order. *Journal of Experimental
Psychology: General*, 143, 1666–1676.

Van Prooijen, J.-W. (2017). Why education predicts decreased belief in
conspiracy theories. *Applied Cognitive Psychology*, 31, 50–58.

Van Prooijen, J.-W., & Acker, M. (2015). The influence of control on
belief in conspiracy theories: Conceptual and applied extensions.
Applied Cognitive Psychology, 29, 753–761.

Van Prooijen, J.-W., & De Vries, R. E. (2016). Organizational conspiracy
beliefs: Implications for leadership styles and employee outcomes.
Journal of Business and Psychology, 31, 479–491.

Van Prooijen, J.-W., Douglas, K., & De Inocencio, C. (in press).
Connecting the dots: Illusory pattern perception predicts belief in
conspiracies and the supernatural. *European Journal of Social*

Psychology.

Van Prooijen, J.-W., & Jostmann, N. B. (2013). Belief in conspiracy theories: The influence of uncertainty and perceived morality. *European Journal of Social Psychology*, 43, 109-115.

Van Prooijen, J.-W., & Krouwel, A. P. M. (2017). Extreme political beliefs predict dogmatic intolerance. *Social Psychological and Personality Science*, 8, 292-300.

Van Prooijen, J.-W., Krouwel, A. P. M., Boiten, M., & Eendebak, L. (2015). Fear among the extremes: How political ideology predicts negative emotions and outgroup derogation. *Personality and Social Psychology Bulletin*, 41, 485-497.

Van Prooijen, J.-W., Krouwel, A. P. M., & Pollet, T. (2015). Political extremism predicts belief in conspiracy theories. *Social Psychological and Personality Science*, 6, 570-578.

Van Prooijen, J.-W., & Van Dijk, E. (2014). When consequence size predicts belief in conspiracy theories: The moderating role of perspective taking. *Journal of Experimental Social Psychology*, 55, 63-73.

Van Prooijen, J.-W., & Van Lange, P. A. M. (2016). *Cheating, corruption, and concealment: The roots of dishonesty.* Cambridge, UK: Cambridge University Press.

Vuolevi, J. H. K., & Van Lange, P. A. M. (2010). Beyond the information given: The power of a belief in self-interest. *European Journal of Social Psychology*, 40, 26-34.

Whitson, J. A., & Galinsky, A. D. (2008). Lacking control increases illusory pattern perception. *Science*, 322, 115-117.

Wilke, A., Scheibehenne, B., Gaissmaier, W., McCanney, P., & Barrett, H. C. (2014). Illusory pattern detection in habitual gamblers.

Evolution and Human Behavior, 35, 291–297.

Wiseman, R. (2015). *Paranormality: The science of the supernatural*. London, UK: Pan Books.

Wood, M. J., Douglas, K. M., & Sutton, R. M. (2012). Dead and alive: Beliefs in contradictory conspiracy theories. *Social Psychological and Personality Science*, 3, 767–773.

Wright, T. L., & Arbuthnot, J. (1974). Interpersonal trust, political preference, and perceptions of the Watergate affair. *Personality and Social Psychology Bulletin*, 1, 168–170.

Zonis, M., & Joseph, C. M. (1994). Conspiracy thinking in the middle east. *Political Psychology*, 15, 443–459.